목소리 너머 사람

살고 싶은 사람을 마지막 상담소

삶과 연결하는

하상훈 지음

김영사

죽고 싶은 사람은 없다, 잘 살아지지 않을 뿐

오랫동안 떨어져 있던 남한강과 북한강이 길게 돌아와 두물머리에서 반갑게 만났다. 하나 되어 유유히 흐르다 잠시 팔당에서 쉬었다가 이내 서해로 간다. 그 길목은 밤하늘의 별들이 모두 땅에 내려와 반짝거리기 때문에 아름답게 빛난다. 특히 한강의 남쪽과 북쪽을 잇는 다리는 촘촘히 떠 있는 색색의 작은 별들 아래서 더없이 화려하고 매혹적인 모습이다.

　　새벽 2시, 이 멋진 다리의 한복판에서 40대 초반의 K씨가 난간에 매달려 전화를 하고 있다. 그는 지난 4일 동안 술을 제외하고는 아무것도 먹지 않았다. 잠도 자지 못하고 몸도 마음도 지친 상태에서 무작정 한강으로 왔다. 이곳에 오면 왠지 모든 고통이 끝날 것 같았다. 그는 어둠을 휘감고 몰려가는 강물을 바라보았다. 그냥 뛰어내리면 흔적도 없이 암흑 속에 휩쓸려 사라질 수 있을 것이다.

　　그러나 각오하고 온 것과는 다르게 두려웠다. 정말 죽는다고 생각하니 무섭고 불안했다. 그런데 별안간 별빛이 전화기를 비췄고, 그 순간 자기도 모르게 전화기를 잡았다. 그는 비몽사몽간에 전화기 저편으로 무엇인가 외쳐댔다.

"선생님, 죽을 각오는 되어 있는데 왜 이렇게 전화를 하고 있나요. 술을 먹어서 그런가요. 저 같은 사람 하나 없어진다고 해서 이 세상이 눈 하나 깜짝 안 할 것 같은데. 선생님, 무서워요. 저 그만 살면 안 되나요. 살려주세요. 저 진짜 죽을 것 같아요. 저 살고 싶어요. 근데 저는 그만 살고 싶어요. 더 이상 부모님께 손해를 끼치고 싶지 않아요."

그가 전화를 하는 동안 119 구조대와 경찰이 와서 그의 신변을 보호했다. 이제 그는 경찰에서 필요한 조치를 받고 집으로 돌아가거나 상담을 받을 것이다.

한강 다리에는 SOS생명의전화가 있다. 19개 다리에 총 74대다. 한강에서 투신하는 사람이 점점 더 많아지며, 뛰어내리기 전에 한 번 더 생각하게 하려고 설치한 것이다. 사실 죽기 위해 한강 다리에서 스스로 떨어진다는 것은 결코 쉬운 일이 아니며, 아주 두렵고 불안하고 힘든 일이다. 그래서 사람들은 다리 위에서 망설이다가 전화기를 발견하면 전화를 걸어온다.

SOS생명의전화에 가까이 다가가면 두 개의 버튼을 볼

수 있다. 빨간색 버튼과 초록색 버튼이 위아래로 나란히 있다. 빨간색 버튼의 역할은 실질적 구조다. 누군가가 다리에서 위험한 행동을 하거나 투신하려 할 때, 위에 있는 버튼을 누르면 바로 119로 연결되어 5분 이내에 소방관과 경찰관이 출동한다. 이미 투신을 했더라도 119 수난구조대가 출동하여 목숨을 구한다.

초록색 버튼의 역할은 정서적 구조다. 아래에 있는 버튼을 누르면 상담자와 바로 연결된다. 상담자는 1년 365일, 24시간 전화를 받으면서 위기 상황에 대응한다. 상담만으로 상황이 종결된다면 다행스러운 일이다. 하지만 소방관과 경찰관을 출동시켜 투신 직전의 사람을 긴급 구조해야 할 때도 있다.

많은 이가 죽고 싶은 마음을 갖고 생명의전화에 전화를 걸어온다. 그들이 죽고 싶은 이유는 다양하다. 우울증, 사업 실패, 가족과의 갈등, 가정폭력, 성폭력, 알코올 중독, 인간관계의 파탄…. 그러나 그들의 이야기를 잘 경청해보면 그들은 죽고 싶은 것이 아니라 살고 싶어 한다는 것을 알 수 있다. 그들을 힘들게 하는 것은 잘 살고 싶은데 잘 살아지지 않는 현실이다.

자초지종을 다 이야기하지는 않았기에, 새벽하늘을 보며 전화를 걸어온 그가 정확히 무슨 이유로 괴로워하는지는 알 수 없었다. 하지만 그가 지금 무척 고통스럽다는 것만은 확실했다. 그는 짐이 되고 싶지 않았다. 그런 생각이 주는 고통에서 도망치고 싶었다.

그래서 이곳으로 달려왔는데, 그의 안타까운 죽음을 막으려고 별들이 급히 하늘에서 내려왔다. 그가 떨어지려는 순간 별들이 그의 손과 전화기를 비추었다. 그는 죽고 싶은 마음을 털어놓으며, 자신이 죽고 싶은 것이 아니라 살고 싶다는 사실을 깨달았다.

그는 단지 이 긴 다리를 홀로 건너기가 너무 힘들었던 것이다.

우리는 자살하는 사람들은 죽음에 몰두해 있기에, 마음을 돌리기 어렵다고 생각한다. 그러나 자살하는 사람들은 죽음에 몰두한 것이 아니라 삶과 죽음의 갈림길에 놓여 있다. 이것을 우리는 양가감정이라고 부른다. 즉 살고 싶은 마음과 죽고 싶은 마음이 마치 시소를 타듯 교차하여 나타나는 것이다. 살아야 할지 죽어야 할지 사이의 갈등은 자살하는 그 순간까지 이어진다.

게슈탈트 심리학의 전경과 배경의 원리는 인간이 자기자신의 경험을 어떻게 구성하고 인식하는지를 설명한다. 우리는 어떤 상황에서 가장 중요하거나 관심이 가는 부분을 전경foreground으로, 나머지는 배경background으로 인식한다. 전경은 우리의 주의가 집중되는 부분으로, 현재 우리에게 가장 중요하거나 의미 있는 요소다. 반면, 배경은 전경에 비해 상대적으로 덜 중요하거나 주의를 덜 끄는 요소들로 구성된다.

어떤 대화에서 특정 주제가 전경이 되어 우리의 주의를 끌 때, 다른 모든 주제는 배경으로 남는다. 자살하는 사람에게도 이 원리를 적용할 수 있다. 자살하려는 사람은 현재 죽음의 동기가 전경으로 나와 있고, 삶의 동기는 배경에 남아 있다. 그러나 상황에 따라 전경과 배경은 뒤바뀔 수 있다. 지금은 죽고 싶을지언정 일주일 후, 하루 뒤, 심지어는 한 시간만 지나도 삶의 동기가 다시 전경으로 나오고 죽음의 동기가 배경으로 돌아갈 수 있다.

그러므로 우리는 상담을 통해 자살하고 싶다는 사람의 마음을 돌릴 수 있다. 나는 상담할 때 세 단계의 심리 공식을 적용한다. 1단계로 자살을 생각해보았는지 질문한다. 이 질문을 통해서 자살하고 싶은 사람의 자살의도를 파악하고, 그에게 좀 더 세심한 관심과 주의를 기울인다. 2단계로 그 사람이 죽고 싶은 이유를 경청하고 공감해준다. 이때 주의할 점은 비판하지 않고 있는 그대로 수용해주는 것이다. 죽고 싶은 이유와 불안한 감정을 있는 그대로 잘 들어주는 것만으로 자살충동의 마음이 완화된다. 3단계로 자살충동이 물러간 자리에 살고 싶은 작은 희망이 싹틀 때, 그 마음을 지지하고 격려해준다. 그러다 보면 죽고 싶은 마음이 배경으로 물러가고, 살고 싶은 마음이 전경으로 다가온다.

우리는 모두 살고 싶다. 죽고 싶은 사람은 없다. 혼자는 어렵지만 친구나 가족, 상담자와 함께 이야기하면 더 좋은 대안을 만들어갈 수 있다. 그러기 위해 우리는 서로의 친구가 되어야 하고, 나아가 서로의 상담자가 되어야 한다.

남한강과 북한강처럼 사람들도 오랫동안 서로 다른 길을 간다. 그러나 그 외로움과 아픔의 골짜기를 지나면, 하나로 만나 어깨동무하며 나아갈 수 있을 때가 반드시 온다. 세상에 혼자 버려졌다고 생각하고 마지막이라 여기며 한강 다리를 찾았던 그를 위해, 하늘이 다급히 별을 보내 전화기를 비추어준 것처럼 말이다.

생명의전화가, 이 책을 읽는 모두가 한 사람과 삶의 의지를 이어주는 다리가 되었으면 좋겠다.

하 상 훈

차 례

#1 발신자

사람들은 언제 벼랑 끝에 내몰리는가

#2 수신자

우리가 서로의 생명의전화가 될 수 있다면

#3 남은 자

단 한 명도 자살해서는 안 되는 이유

발
신
자

사람들은 언제 벼랑 끝에 내몰리는가

좌
절
과

실
패

미래는 아직 오지 않았다

나는 느티나무를 좋아한다. 느티나무는 넓은 품으로 새와 벌레 같은 작은 생명을 끌어안는다. 도시에서는 무더운 여름날 시원한 그늘이 되어주고, 시골에서는 마을 어귀에 우뚝 서서 수호신이 되어준다.

처음 그곳에 뿌리를 내린 이후 느티나무에도 좋은 일만 있지는 않았을 것이다. 수많은 원망과 고통의 순간이 있어도 끝까지 견뎌왔을 것이다. 주어진 자리에서 순간순간 충실히 살다 보니 이제 제법 넓은 품을 가진 나무로 성장했을 것이다.

어느 청년이 침울하고 무력한 목소리로 전화를 걸어왔다. 농촌 출신의 그는 중·고등학교 때 공부를 잘해서 서울 소재의 명문대학교에 진학했다. 부모님은 그에게 큰 기대를 품고 어려운 형편에도 온 힘을 기울여 어렵게 대학을 졸업시켰다. 그는 이제 좋은 직장에 들어가 부모님께 효도하는 일만 남았다고 생각했다.

그런데 졸업 후 다가온 현실은 기대와는 달랐다. 원하는 직장에 들어가는 것이 대학에 들어가는 것보다 훨씬 어려웠다. 처음 몇 번은 떨어져도 약간 스트레스를 받을 뿐 참을 만했지만, 해가 바뀌고도 면접 기회조차 얻지 못하는 일을 몇 번 겪으니 자신감이 급속도로 낮아지기 시작했다. 취업의 문턱은 점점 높아지는데, 꿈은 희미해지고 미래는 잿빛이 되어가는 것 같았다.

그를 더 힘들게 한 것은 자신을 위해 희생을 아끼지 않은 고향의 부모님에 대한 죄책감이었다. 부모님이 별말은 안 하지만 자신에게 원망의 눈길을 보내는 것만 같았다. 그는 부모님을 떠올릴 때마다 죄송한 마음이 든 나머지 점차 고향에 발길을 줄였다.

부모님의 기대에 부응하지 못하고 사회에서도 자신을

필요로 하지 않는 것 같았다. 이렇게 밥만 축내면서 살아가는 스스로의 모습이 '잉여 인력'처럼 느껴졌다. 흔적도 없이 사라져버리는 것이 더 나을 것 같았다. 의미 없이 살아갈 바에는 차라리 죽어버릴까 하다가 마지막으로 상담실 문을 두드렸다.

2015년 "청소년 정신건강과 자살예방 실천방안" 워크숍에서 일본 자살대책지원센터 라이프링크LIFELINK의 대표인 시미즈 야스유키清水康之가 취업난으로 인한 자살 문제에 대해 발표했다. 조사 결과 취업 준비생 243명 중 죽고 싶다고 생각했던 사람은 21퍼센트에 달했다. 구직 활동을 하며 다섯 명 중 한 명은 어디론가 사라져버리고 싶다고 생각한 것이다. 취업 준비생의 69퍼센트는 사회가 정직한 사람을 바보로 만들고 있다고 생각했고, 65퍼센트는 막상 도움이 필요할 때 아무것도 해주지 않는다고 인식했다. 취업 준비생은 대체로 원하는 회사에 선택받아야만 한다는 압박감을 느끼며, 사회가 자신을 받아주지 않는다면 살아갈 의미를 느끼지 못할 것이라 생각하고 있었다.

이 조사 결과는 단지 일본 사회의 이야기가 아니라, 오늘

날 우리나라 청년의 이야기이기도 하다. 2023년 생명의전화 사이버상담을 통해 이메일을 보내온 1,800여 명 중 20대 청년이 695명이었다. 그들 중 대부분이 취업난과 불완전 고용, 경제적 어려움으로 괴로워했다. 불확실한 미래가 불안했고, 사회에 자신의 자리가 없다는 데 절망했다. 무엇보다 이들을 가장 힘들게 한 것은 미래를 그릴 수 없다는 점이었다.

통계청 발표 자료에 따르면 우리나라 10대, 20대, 30대 사망 원인 1위가 자살이다. 이들 연령층에서는 자살로 사망할 확률이 가장 크다는 것이다. 우리의 미래를 책임져야 할 이들이 미래를 비관하고 있다는 것은 큰 문제다. 더욱이 〈2024년 청년의 삶 실태조사〉 보도 자료에 따르면 고립·은둔 청년의 비율은 5.2퍼센트로 19~34세 청년 인구가 약 1000만 명인 것을 고려할 때 50만 명이 넘는다고 추산할 수 있다. 얼마나 놀라운 발표인가. 우리는 이 청년을 위해 무엇을 할 수 있는가.

무엇보다 우선해야 하는 것은 국가와 사회의 책임이다. 청년에게 다양한 일자리를 마련해주고, 그들이 사회에 첫발을 잘 내디딜 수 있도록 상담과 지원을 제공해야 한다.

삶의 기초가 되며 잠재력과 행복을 실현하는 도구인 일자리를 구하는 데 우리의 젊은이를 너무 화나게 하거나 좌절시켜서는 안 된다. 또한 고립·은둔 청년이 더 이상 어두운 골짜기에 숨지 않고 밝은 광장으로 나와 함께 어울리고 미래를 꿈꿀 수 있는, 안전하고 포용적인 사회를 만들어야 한다.

대학까지 졸업한 청년의 절규를 보면서, 나는 그에게 조언하고 싶은 마음이 들기보다 우리 사회가 너무 무책임하다는 생각이 들었다. 취업하고 결혼해서 가정을 꾸리고 부모님께 효도하고 싶은 소망은 결코 허황된 꿈이 아닐 터인데, 그 소박한 목표마저 이루기 힘든 현실인 것이다. 사회에 첫발을 내딛는 청년에게 우리 사회가 너무 각박한 것 같아 안타까웠다.

그럼에도 나는 전화를 걸어온 그에게 너무 절망하지 말라고 이야기해주고 싶다. 그를 힘들게 한 것은 한 치 앞도 알 수 없는 미래였다. 미지의 영역인 내일은 우리를 불안하게 한다. 그러나 미래를 아는 것이 정말 우리가 원하는 일일까. 누구나 안정적 삶을 바라고, 미래를 위해 현재를 희생한다. 하지만 아직 닥치지 않은 미래에 너무 많은 에너지를 쏟다 보면 다가온 현재에 관심을 기울일 여력이 없어진다.

과거는 이미 지나갔고, 미래는 아직 오지 않았다. 우리에게는 지금 이 순간밖에 없다. 그가 미래에 기울이는 에너지의 일부나마 지금 여기로 돌려, 현재에 몰입했으면 한다. 결국 미래를 만드는 것은 수많은 오늘이기 때문이다. 아직 오지 않은 내일을 걱정하는 것보다 지금 여기서 할 수 있는 일의 목록을 만들어 하나하나 실천하는 것이 낫다.

우리는 지금 살아 있다. 여기서 있는 그대로 존재한다는 것이 얼마나 기적 같고 소중한 일인가. 우리는 아직도 많은 것을 선택할 수 있다. 행복과 불행 중 어느 쪽을 선택할 것인가. 상황이 어렵더라도 우리에게 주어진 자유의 권한을 적극적으로 사용해서 행복을 선택했으면 한다.

무엇보다 자살은 미래에 대한 불안을 해소하는 수단이 아니라는 사실을 기억해야 한다. 언젠가 다가올 죽음 앞에서, 지금 살아 있음에 감사하며 충실히 오늘을 보내는 것이 행복의 길이 아닐까.

작은 느티나무는 고난과 시련을 겪으며 큰 느티나무로

자라난다. 묘목이 어떤 모양의 나무로 성장할지는 아무도 모른다. 번화한 도시의 한복판에서 지친 사람들의 쉼터가 되어줄 것인가, 산의 한복판에서 새들의 둥지가 되어줄 것인가.

미래는 아직 오지 않았다. 그가 이 사실을 기억했으면 좋겠다.

묘목이 어떤 모양의 나무로 성장할지는
아무도 모른다.
우리는 지금 살아 있고,
미래는 아직 오지 않았다.
이 사실을 기억했으면 한다.

지나간다, 강렬한 행복도 불행도

사랑하는 아내와 결혼했을 때, 힘든 박사학위 과정을 마치고 졸업했을 때, 평생 살 집을 지었을 때, 오랫동안 봉사한 공로로 상을 받았을 때, 소중한 딸이 결혼했을 때…. 내 인생의 가장 행복한 순간들이다.

몇 년 전 아버지가 돌아가셨다는 어머니의 전화를 받았을 때의 충격은 말로 다 표현할 수 없다. 전날 저녁에 통화를 했던 아버지가 새벽에 심장마비로 세상을 떠나셨다고 했다. 아버지와 함께 지내던 어머니도 아버지의 갑작스러운 죽음에 깊은 슬픔에 잠기셨다.

강렬한 행복의 감정은 시간이 지나면서 점차 희미해져

아름다운 추억으로 남는다. 마찬가지로 큰 슬픔을 경험하더라도 우리는 결국 일상으로 돌아오고, 시간과 함께 감정의 강도도 점차 흐릿해진다. 어머니는 오랫동안 아버지를 잃은 충격과 아픔으로 힘든 시간을 보냈지만, 2년이 지나면서 점차 슬픔에서 벗어나셨다. 나 역시 큰 기둥이 사라진 것 같은 허전함을 느꼈지만, 비교적 빨리 일상을 회복할 수 있었다.

우리는 흔히 부와 성공, 결혼과 성취가 지속적 행복을 가져다주며, 반대로 실패와 질병, 이별과 상실이 끝없는 슬픔을 초래할 것이라고 오해한다. 그러나 아무리 큰 성공을 이루더라도 산 정상에 영원히 머물 수는 없으며 결국 다시 내려와야 할 때가 온다. 마찬가지로 아무리 큰 실패나 상실을 겪어도 시간이 흐르며 점차 원래 자리로 돌아간다.

결국 우리는 성공과 실패에 적응하며 살아간다. 삶의 기쁨과 슬픔은 고정된 것이 아니라 시간과 함께 변화하며, 우리도 그에 맞춰 하루하루를 보낸다. 이 과정에서 우리는 역경을 극복하는 힘과 더 큰 성취를 향한 동력을 얻고, 일상에서 새로운 균형을 찾아간다.

학자들은 이러한 현상을 '행복의 설정점set point of happiness'
이라고 부른다. 1971년 필립 브릭먼Philip Brickman과 도널드
캠벨Donald T. Campbell에 의해 제안된 이 개념은 '쾌락의 쳇
바퀴hedonic treadmill'라는 용어로도 설명된다. 행복의 설정점
이란 개인의 행복이 일정한 기준점을 가지고 있으며, 일시
적 변화가 있더라도 결국 원래의 수준으로 돌아온다는 의
미다. 마찬가지로 쾌락의 쳇바퀴도 끊임없이 변화를 추구
하지만 궁극적으로는 같은 자리로 돌아온다는 것을 비유
한 표현이다.

행복의 설정점은 마치 자동온도조절기와 같은 역할을
한다. 자동온도조절기는 외부 환경이 덥든 춥든 내부 온도
를 설정된 온도로 유지한다. 이와 유사하게 행복 수준도 삶
에 긍정적이거나 부정적인 사건이 발생하면 일시적으로
변화하지만, 시간이 지나면 원래대로 돌아오는 경향이 있
다. 이 메커니즘은 우리가 고유한 행복 수준을 유지하는 방
식으로 작용하여, 긍정적 경험이나 부정적 경험에 잠깐 흔
들릴지언정 감정이 결국에는 다시 평형을 이루도록 한다.
행복의 설정점 이론은 인생의 변화 속에서 인간이 본래의
감정 상태를 회복하는 과정을 설명한다.

하버드대학교 심리학과 교수인 대니얼 길버트Daniel Gilbert는 복권 당첨자들을 대상으로 연구를 진행한 바 있다. 복권에 당첨되면 평생 행복할 것이라 예상하지만, 실제로 이들의 기쁨은 평균 3개월 정도 지속되는 것으로 밝혀졌다. 최신형 자동차를 구매해도, 더 넓은 집으로 이사를 가도, 높은 직급에 올라도 사람들의 만족감은 약 3개월을 넘기지 못하고 점차 사라지는 경향을 보였다.

큰 변화를 경험할 때 처음에는 강렬한 감정을 느끼기 마련이지만 결국에는 희미해지고, 일상으로 돌아간다. 이것이 바로 인간의 심리적 적응 능력이다.

흥미로운 사실은 행복이 흐릿해지는 속도와 비슷하게 불행도 점점 사그라든다는 것이다. 이별의 아픔이나 사고로 인한 신체적·정신적 상처 또는 직업을 잃었을 때 느끼는 절망감도 평균적으로 3개월이 지나면 그 강도가 완화되는 경향이 있다. 고통을 덜어내고 새로운 현실에 적응하려는 인간의 내재적 회복력 덕분이다.

결국 길버트의 연구는 외부 환경의 변화가 우리의 장기적 행복이나 불행을 예측하는 주요 요인이 아니라는 점을 시사한다. 즉 행복의 지속은 우리가 일상에서 어떻게 의미를 찾고, 새로운 경험에 적응하며, 삶의 다양한 국면을 받아들이느냐에 달려 있다.

행복의 설정점은 유전적 요인과 성격적 특성에 의해 형성된다고 알려져 있었다. 하지만 행복의 설정점은 완전히 고정된 것이 아니며, 의도적 노력과 실천을 통해 변화할 수 있다는 사실이 밝혀졌다. 행동유전학자와 심리학자들의 연구에 따르면, 행복의 약 50퍼센트는 유전적 요인, 10퍼센트는 생활 환경에 기인하며, 나머지 40퍼센트는 개인의 선택과 행동에서 비롯한다고 한다. 이는 우리가 적극적으로 행복을 개선하기 위해 노력하면 삶의 질을 크게 향상할 수 있다는 것을 의미한다.

캘리포니아대학교 리버사이드 심리학과 교수 소냐 류보머스키Sonja Lyubomirsky와 연구팀은 행복의 설정점을 높일 수 있는 구체적 전략을 제안했다. 그들에 따르면, 행복 수준은 유전적 요소로 인해 어느 정도 안정적 경향을 보이지만, 다양한 활동을 실천하면 변화하는 유연성도 가지고 있다. 감사의 마음을 자주 표현하고 새로운 활동에 도전하거나 일상에 변화를 주며, 긍정적 인간관계를 형성하고 의미 있는 목표를 추구하는 일들이 여기에 해당한다. 이러한 실천은 단순히 일시적으로 기분을 향상하는 데 그치지 않고, 행복의 설정점을 높임으로써 삶 전반에 걸쳐 지속적으로 긍정적 변화를 불러온다.

오랫동안 상담을 해오면서 "너무 행복해서 좋다"라고 전화를 걸어온 사람은 한 명도 없었다. 상담을 요청하는 사람들은 대부분 상실의 고통을 겪고 있었고, 그 상실은 관계, 물질, 자존감 혹은 미래와 꿈에 관한 것이었다. 일부 사람은 고통이 너무 커서 죽음을 선택하려고 했다. 문제를 해결할 탈출구가 없다고 느꼈기 때문이다.

내가 그들에게 해줄 수 있는 말은 늘 같았다. 행복이 오래가지 않듯, 지금 겪고 있는 불행도 오래가지 않을 것이라는 말이었다.

절망하는 마음을 비판하지 않고, 잘 듣고 공감해주면 그들은 점차 삶의 의욕을 되찾을 것이다. 그리고 혼자서든 다른 사람의 도움을 받아서든 고비를 넘기면, 다시 일상으로 돌아가 새롭게 시작할 수 있을 것이다. 결국 강렬한 행복도 불행도 지나가기 때문이다.

산 정상에 영원히 머물 수는 없다.
강렬한 행복도 점차 희미해져
아름다운 추억으로 남는다.
큰 실패와 상실도 마찬가지다.
당신은 반드시 일상으로 돌아가
새롭게 시작할 것이다.

나아질 수 없는 상황 속에서도 나아가기

전도유망한 벤처 사업가가 있었다. 그는 사업에 실패한 후 깊은 좌절에 빠졌지만, 가족의 응원을 받아 다시 한번 도전할 수 있었다. 이번에는 이전 경험을 교훈 삼아 더더욱 밤낮 없이 열심히 일했다. 그러나 이번에도 실패했고, 오히려 전보다 더 큰 손해를 입었다. 그는 상담을 하면서 이렇게 실패자로 살 바에는 차라리 죽고 싶다고 했다.

나는 그의 이야기를 주의 깊게 들었다. 그는 회복 불능의 빚을 졌다. 가족과 주변 사람들이 그에게 걸었던 기대도 무너졌다. 사람들을 볼 면목도 없었고, 더 이상 도움을 청할 곳도 없었다. 상황이 나아지지 않는데 그에게 힘내라고 말하기가 미안해졌다.

　나치 강제수용소에서의 고통스러운 경험을 생생하게 묘사한 《빅터 프랭클의 죽음의 수용소에서》로 우리나라에 잘 알려진 빅터 프랭클Viktor Emil Frankl 박사는 창조적 활동이나 일상적 경험을 하기 힘든 극한 상황에 처했을 때조차 인간은 '태도적 가치attitudinal value'를 통해 삶에 의미를 부여할 수 있다고 보았다. 프랭클은 포로수용소에서 이 태도적 가치를 견지함으로써 삶에 의미를 부여했고 3년간의 고통을 이겨냈다.

　그가 고안한 의미요법에 따르면, 인간의 주요 관심사는 쾌락을 얻거나 고통을 피하는 것이 아니라 삶의 의미를 깨닫는 것이다. 인간은 그 고통이 의미가 있다면, 기꺼이 그것을 감수할 수 있다. 용감하게 고통을 겪으면서 한 사람의 삶은 최후의 순간까지 의미를 지닌다.

　태도적 가치는 인간이 피할 수 없는 운명과 마주쳤을 때 그 곤경을 대하는 인간의 태도를 말한다. 인간은 어떤 상황에서도 태도를 선택할 수 있는 자유의지를 지니고 있다. 이 세상에 태어났다면 누구나 죽음, 고통, 죄책감이라는 비극의 3인조에 직면한다. 그러나 그 운명을 어떻게 맞이할 것인가 하는 태도는 자유의지에 의하여 선택할 수 있다. 즉 우리는 운명적 상황을 품위와 용기로 맞이할 수도, 반대로 절망과 분노로 맞이할 수도 있다. 아무리 큰 고통을 겪고 있어도, 그 안에서 희생적 가치와 같은 의미를 발견하는 순간 고통은 고통에 머무르기를 그친다. 불치병 환자가 태도적 가치를 깨닫고 종말을 긍정적 태도로 수용한다면 그는 지나온 삶을 음미하고 그것에 감사할 수 있을 것이다. 그뿐 아니라 곧 죽을 수밖에 없기 때문이 아니라 살아갈 날을 더 잘 보내기 위해 남은 시간을 보다 의미 있게 채울 것이다.

우리가 사는 세상은 수많은 실패뿐 아니라 사랑하는 사람의 죽음, 원치 않는 질병, 재난과 전쟁 등으로 가득하다. 이 모든 고통이 우리에게 아무 의미가 없다면 인간은 살아갈 힘을 잃고 말 것이다. 그러나 이 모든 상황적 위기가 우리에게 의미 있다고 생각하면, 그럼에도 우리는 희망을 간직할 수 있다. 운명적 상황에서 벗어날 수 있어서가 아니라, 우리가 어떤 태도로 상황에 맞설 것인지는 전적으로 우리의 자유의지에 달려 있어서다.

죽고 싶다고 했던 그는 한편으로 실패의 고통 속에서도 아내를 사랑하고 있었고 자신을 돌봐준 형에게 미안한 마음을 갖고 있었다. 그는 사업 실패로 죽고 싶다고 생각했지만, 사랑하는 가족을 생각하면 살고 싶었다. 그는 삶과 죽음의 양가감정을 느끼고 있었다.

어느 날 저녁, 프랭클은 수용소에서 황혼을 보고 아름답다고 느꼈다. 그 사소한 순간이 그에게 삶의 의미를 발견하도록 해주었고, 마침내 지옥 같은 수용소 생활을 견디게 해주었다. 결국 그 또한 아내와 형을 위해 살기로 마음 먹었다. 그들은 그에게 삶의 의미이자 이유였다.

어떤 상황에서도 감사할 수 있는 능력

매주 금요일 아침 8시에 상담실에 오는 상담자 D씨가 있다. 그녀는 여러 해 동안 먼 거리를 마다하지 않고, 비바람이 불고 눈보라가 치는 날에도 어김없이 아침 일찍부터 봉사하러 나왔다. 내가 "아침 일찍 나와주셔서 고맙습니다"라고 인사하면, 그녀는 "오히려 제가 감사하죠"라고 응답했다. 그녀의 말에는 항상 '감사'라는 단어가 빠지지 않았다. 자신의 시간과 재능을 봉사하는 데 쓰면서도, 오히려 그것이 자신에게 큰 도움이 된다고 했다.

봉사할 수 있다는 사실 자체가 그녀에게는 큰 감사의 이유였다. 내담자의 이야기를 들어주고 공감했을 뿐인데, 그들이 스스로 문제 해결의 실마리를 찾는 순간이 가장 감사하다고 했다. 그녀의 마음에는 늘 감사가 가득했고 그래서인지 얼굴도 항상 밝아 보였다.

상담자 P씨는 20대의 젊은 나이에 상담을 시작한 후 이젠 60대 후반의 노년에 접어들었다. 그녀는 내담자를 통해서 자신을 돌아보며 늘 배운다고 했다. 더 좋은 상담자가 되기 위해 계속 공부를 해온 결과 지금은 박사학위까지 취득하고 대학에서 강의하며 복지센터도 운영하고 있다.

돌이켜 보면 그녀에게도 많은 역경이 있었다. 한번은 교통사고로 차량이 심하게 부서져 수리 비용이 크게 나온 적이 있다. 보통 사람들은 큰 스트레스를 받고 한동안 위축되어 있었을 것이다. 그러나 그녀는 아무도 다치지 않은 것에 감사하면서 사고로 인한 긴장을 빨리 털어냈다. 언젠가 그녀가 정직하게 운영하던 사업이 억울하게도 잘못된 행정처분을 받았다. 그녀는 오랫동안 이 문제로 정신적 스트레스를 경험했지만 결국 재판에서 승소했고, 원래 상태를 회복할 수 있었다.

나는 그 위기의 시기에 그녀를 종종 만났다. 내심 걱정되었지만, 그녀에게는 늘 감사할 이유가 넘쳐났다. 좋은 변호사를 만난 것, 가족이 모두 건강한 것, 아직 일할 수 있는 일터와 기쁘게 봉사할 수 있는 곳이 있다는 것에 감사했다. 그녀는 어떤 상황에서도 감사하며 사는 습관이 몸에 배어 있는 것 같았다.

감사할 조건이 충족되어야만 감사할 수 있다고 생각하는 사람들이 있다. 그들은 "감사할 여건이 아닌데 어떻게 감사할 수 있느냐?"라고 묻곤 한다. 그들의 말이 틀린 것은 아니다. 재산, 건강, 지위, 명예를 상실한 사람들이 어떻게 감사할 수 있겠느냐고 묻는다면 쉽사리 답하기 힘들다.

그럼에도 감사해야 한다. 그것이 우리에게 필요한 일이기 때문이다. 캘리포니아대학교 데이비스 심리학과 교수 로버트 에먼스Robert Emmons는 감사가 우리의 심리적·신체적·사회적 건강을 크게 향상한다는 것을 밝혔다. 감사하는 습관은 긍정적 감정을 키우고 부정적 감정을 줄이며, 삶의 만족감을 높인다. 덧붙여 스트레스를 낮추고, 수면의 질을 높이며, 두통이나 피로를 줄인다. 마지막으로 사람들 사이의 유대감을 강화하고, 신뢰와 친밀감을 높여 더 좋은 관계를 유지하도록 한다.

감사의 가장 흥미로운 점은 그것이 종갓집의 오래된 된장 만들기 비법처럼 배워서 발전시킬 수 있는 기술이라는 사실이다. 즉 감사는 자연스럽게, 저절로 생기는 것이 아니라 노력해서 습득해야 하는 것이다.

우리는 일상에서 부정적 경험이나 스트레스에 쉽게 휘말리고 자신의 삶을 비관적으로 바라보곤 한다. 반면, 긍정적 경험은 당연하게 받아들이고 삶의 소중한 것들을 가볍게 여기는 경향이 있다. 예를 들어 출근길 지하철을 탈 때 누군가 새치기를 한 것은 오래 기억하면서, 버스 기사가 친절하게 인사해준 것은 쉽게 잊는다. 차가운 바깥의 바람은 오래 품으면서, 실내로 들어올 때 나를 따뜻하게 맞아주는 히터의 온기는 아무렇지 않게 여긴다.

불친절보다는 친절을, 차가움보다는 따뜻함을 간직하고 살아가기 위해선 감사하는 마음을 삶의 우선순위로 삼아야 한다. 의도적으로 감사하는 마음을 가질 때 우리는 비로소 일상의 아름다움과 선함을 인식할 수 있다. 새로운 시각으로 세상을 둘러보자. 우리 주변에는 감사할 일들이 가득하다.

에먼스 교수와 긍정심리학자들은 감사를 습관으로 만들기 위해 감사 일기 쓰기, 긍정적 사건 기록하기, 감사 편지 쓰기와 같은 구체적 방법을 제안한다.

먼저 주 1회, 하루 15분씩 감사한 일이나 사람들을 떠올리고, 그것이 자기 삶에 어떤 영향을 미치는지 써보자. 다음으로 긍정적 사건을 기록하는 것도 좋다. 매일 하루를 돌아보며 기분 좋았던 세 가지 일을 아주 작은 것이라도 적어보자. 그 일이 왜 기분 좋았는지 생각하다 보면, 일상에서 행복한 순간을 더 자주 발견할 수 있을 것이다. 마지막으로 감사 편지를 쓰고 전달하는 것도 중요하다. 감사한 마음을 충분히 표현하지 못한 사람에게 편지를 쓰고, 가능하면 직접 진심을 전해본다. 이를 통해 소중한 사람과 더 강한 유대감을 형성하고 좋은 에너지를 나눌 수 있을 것이다.

하루를 돌이켜 보면 분명 삶에서 감사할 수 있는 요소를 많이 발견할 수 있다. 다만 빠르게 흘러가는 일상에 휩쓸리는 와중에 충분히 감사를 표현하지 못했을 뿐이다. 일부러 잠깐 멈춰서 감사하는 습관을 가져야 하는 이유다. 감사를 통해 신체적·정신적으로 건강해질 뿐 아니라, 우리 주변에

있는 사람들에게는 사랑을, 사회 공동체에는 긍정적 삶의
에너지를 전달할 수 있다.

감사할 수 있는 능력이 있는 한, 우리는 괜찮을 것이다.

고
립
과

은
둔

스스로가 얼마나 멋진지 알지 못하는 사람들

H군은 중학교 때까지 친구들에게 따돌림을 당했다. 가만히 있는데도 친구들이 다가와 힘들게 했고, 폭력을 행사하기도 했다. 학교는 문제를 전혀 해결해주지 않았다. H군은 학교에서도 집에서도 외톨이였다. 고등학교에 가면 괜찮아질 것이라 생각했으나 여전히 학교는 외로운 감옥 같았다. 자신을 문제아로만 취급하고 마음을 알아줄 생각 없는 학교에 다니는 것이 고역이었다.

그래서 H군은 학교를 그만두고 검정고시를 보겠다고 부모님께 통보했다. 부모님은 학교에 다니지 않겠다는 말에 화를 냈다. 집을 나가라고 큰소리를 쳤고, 그동안 투자

했던 것을 다 토해내라고 야단쳤다. H군은 자신을 조금도 이해하려 하지 않고 무조건 학교에 다니라고만 하는 부모님이 야속했다.

무작정 집을 뛰쳐나온 H군은 한강 다리로 향했다. 떨어져 죽으면 이런 괴로움이 다 사라질 것이라 생각했다. 다행히도 투신 직전, 다리에 있는 SOS생명의전화를 발견하고 도움을 요청했다.

나는 H군에게 무척 고마웠다. 삶과 죽음이 마음속에서 시소처럼 오르내리는 와중에 도움을 요청했기 때문이다. 그는 삶과 죽음의 갈림길에서 죽음보다 삶을 선택한 것이다. 친구들은 그를 따돌렸고, 어른들은 그를 수용하기보다 자기중심적 가치의 틀 안에 끼워 맞추려고만 했다. 그 틀에서 조금이라도 벗어나는 순간 그는 부모님과 선생님들에게 문제아이자 이방인이 되었다. 이 차갑고 무서운 감옥 속에 영문도 모른 채 갇혀 있는 것은 매우 힘든 일이었다.

H군의 이야기를 들으며, 나는 그가 스스로는 잘하는 것이 특별히 없다고 생각하지만 시 쓰는 것을 무척 좋아한다는 사실을 알게 되었다. 고등학교에 들어가서는 시를 써서

상을 받은 경험도 있다고 했다.

　H군이 그토록 좋아하는 시조차 포기하고 죽겠다 생각하도록 몰고 간 이는 누구일까. 사람들은 왜 H군을 따뜻한 이해의 눈으로 바라보지 못하는가. 나는 우선 이해와 인정에 굶주린 H군에게 따뜻한 공감의 밥 한 끼를 먹여야겠다고 생각했다.

　　"많이 힘들지요. 얼마나 힘들면 죽고 싶은 생각까지 들었을까요. 얼마나 학교에 가는 것이 두려웠으면 검정고시를 보려 했을까요. 나 같아도 따돌림을 당하면 학교에 다니고 싶은 마음이 들지 않을 거예요. 부모님들은 학교에 가지 않으면 인생이 망할 거라며 화를 내셨나 봐요. 그래서 이곳까지 왔군요. 전화 주시길 잘 했어요. 그래도 시 쓰는 재능이 있어 상을 탔군요. 남들이 갖지 못한 능력인데 대단합니다. 시를 쓰면 마음이 평안해지지요. 어떤 시인지 저도 궁금한데요. 지친 사람들이 시를 읽고 마음의 위안을 받으며 꿈과 희망을 공유할 수 있다면 얼마나 좋을까요. 나는 이런 재능이 세상에 빛을 보지 못하고 어둠 속에 묻히는 것이 너무 슬퍼요. 지금 힘들지만 끝까지 견뎌내서 많은 사람의 사랑을 받는 시인의 길을 걸어갈 수는 없을까요."

긍정심리학의 창시자인 펜실베이니아대학교 마틴 셀리
그먼Martin E. P. Seligman 교수는 자신의 고유한 덕성과 강점
을 일상에서 발휘하는 것이 진정한 행복에 이르는 길이라
고 했다. 우리가 자신의 강점을 발견하는 한편으로 다른 사
람이 강점을 발견하도록 도와야 하는 이유다. 사랑하는 사
람, 소중한 사람과 갈라지지 않는 비결도 상대의 강점을 발
견하고 그것을 발휘하도록 서로 돕는 데 있다.

상대가 강점을 발견하도록 도와주려면 먼저 상대를 무
조건적으로 사랑하고 존중해야 한다. 그러면 상대에게서
좋은 인간관계의 기초가 되는 존중력이 생긴다. 좋은 인간
관계는 자존감과 행복감을 증진하고, 문제 해결력을 갖게
하며 성공적인 삶의 경험을 하게 한다. 성공하는 경험이 쌓
이면 역경을 극복할 힘을 가질 수 있다.

강점을 발견하고 활용할 수 있는 두 가지 방법을 제시하
고자 한다. 첫 번째는 반성reflection, 두 번째는 반영된 최고
의 자아 연습reflected best self exercise(이하 RBSE)이다.

반성은 과거 경험을 돌아보며 즐거운 기분이 들거나 잘할 수 있었던 활동과 영역을 찾아내는 과정이다. 일반적으로 우리는 계획하고 행동하는 데만 집중하고, 행동의 동기와 영향력을 많이 생각하지 않는 경향이 있다. 하지만 동기와 영향력을 생각하면서 자연스럽게 자신에게 적합하고 숙련된 영역을 좁혀갈 수 있다.

주기적으로 반성하는 것은 수영할 때 숨 쉬는 것과 같다. 몇 번의 스트로크마다 숨을 쉬어야 계속 수영할 수 있듯 자신의 삶과 경험을 되돌아보아야 만족스러운 삶을 계속 살아갈 수 있다. 세계의 많은 위대한 지도자가 습관적으로 글을 썼다. 일상을 글로 기록하는 것은 반성의 유용한 방법으로, 장점을 발견하도록 돕는다.

다음으로 미시간대학교 로스경영대학원 긍정적조직센터에서 개발한 RBSE는 우리가 최고의 모습일 때를 보여주며, 매일 최상의 상태로 생활하고 일할 수 있도록 하는 도구다. 그 방법은 다음과 같다.

1단계로 당신을 가장 잘 알고 있는 사람들을 나열한다. 2단계로 목록에 있는 사람들에게 간단한 질문을 건넨다. 이를테면 "내가 최고였던 때는 언제였나요?"라고 묻고 그들의 응답을 기록한다. 3단계로 수집된 응답에서 패턴을 찾고, 이를 바탕으로 4단계에서 최고 컨디션일 때의 자화상을 구성한다. 마지막 5단계에서는 자신의 강점을 중심으로 삶을 재설계한다. 스스로의 강점에 대해 새로 알게 된 내용을 활용하여 지금 당장 삶에서 행동을 취한다.

RBSE는 나의 독특한 재능이 어떤 면에서 다른 사람들에게 긍정적 영향을 미치는지 살펴보고, 일과 생활에서 강점을 활용할 기회를 찾도록 해준다. 궁극적으로 우리는 최고의 자신으로 성장할 수 있다.

H군은 고립되지 않고 나오기로 선택했다. 그는 앞으로 시 쓰는 독특한 재능을 발휘하여 다른 사람에게 아름답고 평화로운 마음을 선물할 것이다. 그날 이후 다시 H군을 만날 수는 없었지만, 다른 이의 도움을 받아 강점을 발휘할 기회가 있을 것이라 믿는다. H군이 강점을 잘 활용하여 죽음의 길에서 생명의 길, 행복의 길로 걸어갈 수 있기를 바란다.

고립되고 싶은 사람은 없다. 누군가 은둔하고 있다면, 그것은 사회가 그렇게 몰고 가기 때문이다. 우리 사회가 그들의 고유한 강점을 발견하고 실현할 기회를 주지 못하기 때문이다.

그러므로 우리는 기억해야 한다. 스스로의 강점을 발견하여 실현하려는 모습이야말로 세상에서 가장 아름답다는 사실을.

죽고 싶은 마음은 어디에서 오는가

오랜만에 산에 가니 나무 친구들이 나를 보고 반갑다고 손을 흔들어주었다. 친구들 얼굴 하나하나가 서로 다르다는 것이 참 신기했다. 어떻게 이렇게 하나같이 다른 모습일까. 산기슭에 있는 나무, 바위틈에 있는 나무, 골짜기에 있는 나무 들은 서로 다른 여건에서 다르게 자라났지만 한 가족으로 어울려 살아가고 있다.

전 세계 사람 중 같은 사람은 없다. 그런데 사람은 나무와 달리 서로 다르다는 것을 인정하지 못하고 어울려 살지 못할 때가 잦다. 자기와 다른 사람을 수용하지 못하고 배제하는 가운데 불행의 씨앗이 움튼다.

우리가 함께 어울려 살 수 있는 방법은 사랑하고 존중하는 것뿐이다. 사람은 그 자체로 존귀한 존재이기 때문이다.

중남미 마야 전통에는 '인라케시 알라킨In Lak'ech Ala K'in'이라는 인사말이 있다. '인라케시'는 '나는 너'라는 말이고 '알라킨'은 '너는 나'라는 말이다. 한쪽에서 '인라케시!' 하면 다른 쪽에서 '알라킨!'이라고 응수한다. 서로를 바라보고 인사하며 우리가 모두 하나라는 뜻을 전한다. 우리는 모두 연결되어 있고 결코 둘이 아니라고 이야기한다.

'인라케시 알라킨'은 너의 존재는 나만큼 소중하고 중요하다는 뜻이다. 너의 고통이 나의 고통이고 너의 기쁨이 나의 기쁨이라는 말이다. 그러므로 우리가 서로 도와주고 나누고 협력하면서 살아야 한다는 의미다.

미국의 심리학자 칼 로저스Carl Rogers는 오랫동안 인간 중심 공동체를 만들기 위해 노력했다. 그는 공동체에서 중요한 것은 상호적 대화와 서로에 대한 이해라고 생각했다. 상호적 대화가 이루어지려면 차이점을 진정으로 수용하고 존중하며, 공감을 전제로 이해해야 한다. 그는 상호적 대화를 통해 서로를 지지하는 공동체 환경을 만들어가는 것이 갈등을 해결하고 치유하는 길이라고 했다.

그녀는 남들과 다르기에 겪었던 고통이 무척 컸다. 사회적 편견과 냉대와도 싸워야 했다.

> "저는 동성애자입니다. 남들과 성적 지향은 다르지만 행복하게 살려고 무척 노력했어요. 열심히 공부해서 좋은 직장에 들어갔고 주변의 인정도 받았어요. 여기까지는 할 수 있었는데 동성애자로 커밍아웃하고 나서부터는 모든 것이 달라졌어요. 주변 사람들의 편견적 시각을 늘 혼자 외롭게 극복해야 했습니다. 최근엔 오랫동안 만났던 파트너와도 헤어졌어요. 평생 저 혼자 살아야 할지도 모른다는 불안감이 몰려왔습니다. 인생에 회의감을 느끼기 시작했습니다. 제가 살아야 할 의미가 있을까요."

나는 그녀가 남들과 다르다는 이유로 겪었던 고통을 헤아려보았다. 그리고 그것을 극복하려고 치열하게 살아왔던 그녀의 성취를 생각해보았다. 그녀는 자신이 겪었던 고통과 성취를 세상 그 누구에게도 공감받지 못했다고 이야기했다. 그동안 일궈온 모든 것이 아무런 의미를 남기지 못한다면 앞으로 그녀는 어떻게 살아갈 수 있을 것인가.

> "당신의 이야기를 들으니 제 마음도 답답해지는군요. 얼마나 힘들지 상상하기가 어렵네요. 그렇게 열심히 살아왔는데 세상은 당신을 인정해주지 못하고 있네요. 더구나 지금은 평생 혼자 지내야 한다는 불안감과 삶의 의미에 대한 회의감까지 드는군요. 그러나 누가 당신을 인정하든 그렇지 않든 열심히 노력해서 많은 것을 성취하며 살아왔네요. 그동안 당신이 흘린 땀과 열정은 누가 빼앗아갈 수 있는 것이 아니지 않을까요. 당신은 최선을 다했습니다. 당신의 삶은 결코 헛되지 않았습니다."

우리 사회는 그녀를 한 인간으로 아무 조건 없이 인정해야 한다. 그녀에게는 친밀한 사회적 지지망이 필요하다. 그녀는 파트너와의 관계를 넘어 더 많은 사람과 좋은 인간관계를 만들어야 한다. 그녀가 산속의 나무들처럼 우리 사회의 구성원으로 함께 살아갈 수 있으려면.

물질만능주의, 극단적 이기주의, 생명경시 풍조, 무한 경쟁, 양극화 현상…. 사람과 사람 사이를 갈라놓는 이 모든 문제의 원인을 거슬러 올라가면 '나는 나' '너는 너'라고 생각하는 경향이 있다. 우리는 서로 다르다. 그러나 서로를 존중하는 순간 하나가 된다. '나는 너' '너는 나'가 된다.

나의 이야기를 진정으로 이해하고 나의 능력을 인정하는 사람이 있다면 과연 죽고 싶은 마음이 들 것인가. 우리는 모두 살고 싶다. 어떤 어려움이 있어도 그 언덕을 넘어서 신나게 살고 싶다. 그리고 다른 사람들과 만나서 기쁨의 춤을 추며 살고 싶다. 언덕을 넘어온 바람이 나무들과 만나 춤을 추듯 사람도 진정한 만남을 통해서 춤을 추고 싶다.

춤추는 데 필요한 규칙은 단 한 가지, 서로의 존재를 인정하고 존중하는 것이다. 그 깊은 신뢰 속에서 때로는 격렬하게 때로는 부드럽게 춤을 추는 것이 바로 삶이다.

누가 그녀와 함께 신나는 춤을 출 수 있겠는가.

유예할 수 없는 권리

따뜻한 봄날, S양에게 전화가 왔다. 봄은 얼어붙은 대지에서 싹이 트고, 메마른 나뭇가지에서 망울들이 터지는 계절이다. 생명의 역사는 수많은 난관 속에서도 계속 이어지고 있다. 그렇지만 희망찬 봄날 홀로 추운 겨울을 사는 이들이 있다. 그들은 자신의 마음을 알아주지 못하는 따뜻한 봄이 오히려 싫다고 한다. 상대적 박탈감을 더 크게 느끼고 우울해지는 계절이라는 것이다.

S양은 동생과 공부를 못하는 스스로를 비교하며, 미래가 없다고 비난하는 엄마 때문에 죽고 싶다고 상담을 요청했다. 그녀는 엄마가 자신을 야단칠 때마다 너무 화가 나고

참을 수 없다고 했고, 급기야 여러 차례 자해하기에 이르렀다고 했다. 자해하지 않으면 견딜 수 없는 이 아이를 어떻게 도와줄 것인가.

지금 우리나라에서 대부분의 가정은 자녀의 수가 하나 혹은 둘밖에 안 된다. 그만큼 아이에게 거는 기대가 커졌다. 데이비드 엘킨드David Elkind가 말한 것처럼 부모의 '과잉 양육' 현상이 아이들의 자유 시간을 과외 활동으로 채우고, 포스터 클라인Foster Cline이 말한 '헬리콥터 부모'처럼 자녀의 주변을 맴돌며 일거수일투족을 감시한다.

부모가 쏟는 모든 노력의 목적은 결국 자녀가 입시 경쟁에서 승리하는 것으로 귀결된다. 문제는 부모가 승리를 위해 전쟁을 지휘하는 동안 아이는 치열한 전투에서 살아남기 위해 너무도 큰 희생을 치러야 한다는 것이다. 전투의 대열에서 낙오된 아이들은 미래를 담보 잡히고, 인간 대접도 못 받는 수모를 당해야만 한다.

우리의 청소년들은 초·중·고등학교를 거치면서 치열한 입시 위주 교육의 파고를 넘어야 한다. 성적으로 가치가 결정되는 성적 지상주의는 이들을 벼랑 끝으로 몰고, 성적이

나쁜 경우에는 학교 현장에 발 붙이지 못하게 한다. 학교에서 인간으로서 존중받지 못한 청소년들은 부정적 자기개념을 형성하고 자기 자신을 좋지 않은 방법으로 표현한다. 학교폭력, 집단 따돌림, 가출, 게임 및 스마트폰 중독, 자살 등 수많은 청소년 문제는 바로 성적 지상주의의 폐해라고 해도 과언이 아니다.

그 폐해 중 하나인 청소년 자해가 문제로 거론된 지 벌써 여러 해가 지났다. 청소년들이 자신의 자해 장면을 사진으로 찍어 소셜미디어에 올리는 자해 인증 계정, 즉 '자해계'가 급격히 늘어나고 있다. 소셜미디어에 '자해'를 검색하면 수만 건의 게시물이 쏟아진다.

보건복지부의 〈2022년 정신건강실태조사 보고서(소아·청소년)〉에 따르면 전체 청소년 중 비자살적 자해를 행동한 비율은 1.7퍼센트로 집계되었다. 그러나 여러 전문가와 일선 교사는 학생들이 자해를 숨기는 경향이 있어 실제로 자해 경험이 있는 학생들은 이보다 더 많을 것이라고 예측하고 있다.

《인문사회21》에서 발행한 〈청소년 자해에 관한 연구 동향〉에 따르면 청소년들이 자해를 하는 주요 원인으로는 가정불화, 교우 관계 문제, 학업 스트레스, 정서 조절의 어려움 등이 있다. 우울감이 극에 달할 때 자해로 순간적 해소감을 느끼는 경우가 많다.

부모들이 이토록 관심과 노력을 기울이는데도 아이들이 자해를 통해 스트레스를 해결하고 있다면, 부모의 사랑이 제대로 전해지고 있는지 돌아보아야 할 것이다.

아이들이 자해하는 이유는 우울한 처지에서 자신이 살아 있음을 확인받고 싶어서다. 자해는 도움을 찾는 손짓이다. 자해를 경험하는 아이들을 외면하거나 비난하지 않고 왜 자해하는지 들어주고 이해할 때, S양도 자해의 유혹에서 벗어나 따뜻한 봄을 맞이할 수 있을 것이다.

학교가 보듬어주지 않을 때 아이들은 학교 밖으로 내몰린다. 그들 스스로 걸어나온 것이 아니라, 우리 기성세대가 밀어낸 것이라는 사실을 알아야 한다. 그렇다면 학교 밖으로 쫓겨난 청소년들을 정죄하는 데 급급하기보다 그들을 다시 보듬어주어야 한다. 그들을 문제아로 낙인찍지 않고 언제든 새롭게 출발하려 한다면 박수를 보내야 한다. 아픈 외침을 들어주고 공감하며, 인내심을 갖고 기다려야 한다. 무엇보다 그들의 현재 모습보다는 가능성을 바라봐야 한다.

행복한 학교란 모든 학생이 잠재력을 발견하고 유능감을 발휘할 수 있도록 돕는 공동체다. 교육 정책은 교육 현장에서 소외되는 학생이 없도록 하는 것을 우선순위로 둘 필요가 있다. 교육의 목표는 대학입시가 아니라 한 인간으로서 어떻게 사는 것이 의미 있고 가치 있는 일인지 찾도록 돕는 것이어야 한다.

교육이 어떤 가치를 선택해야 청소년들이 행복할 것인가. 명문대학교나 대기업에 들어가지 않아도 자긍심 넘치고 행복하게 살 수 있는 환경을 어떻게 만들어나갈 것인가.

그 어떤 어른에게도 아이들이 지금 누려야 할 행복을 유예할 권리는 없다.

사랑이 있는 자리에 생존이 있다

철학자이자 신학자, 교육자였던 마르틴 부버Martin Buber
는《나와 너》라는 명작을 쓴 것으로 유명하다. 그는 '나'라
는 단어는 '너'가 없으면 존재할 수 없고 '너'라는 단어는
'나'가 없으면 의미가 없다고 했다. 그래서 '나와 너'는 두 개
의 단어가 아니라 나눌 수 없는 하나의 근원어다. '나'라는
존재는 '너'라는 인격적 존재와의 만남을 통해 이루어진다.

그러나 요즘 우리는 '너'를 인격적 존재로 대하지 않고
'그것'으로 대하는 경향이 있다. '그것'은 3인칭 단수로서
물건을 지칭할 때 쓰인다. 물건은 필요할 때 써먹다가도 필
요 없을 때 언제든 버릴 수 있다. '너'가 '그것'으로 바뀌어

'나와 그것'이 되는 순간 우리는 물신주의가 만연한 비정과 단절의 세계에서 살게 된다. 과연 나는 너를 인격적으로 존중하며 살고 있는가. 너를 하나의 이용 가치나 수단으로 보고 있지는 않은가.

인간 소외가 가장 극단적으로 나타난 현상은 고독사일 것이다. 2023년 6월 서울 광진구의 한 다세대주택 반지하 집에서 혼자 살던 50대 남성 C씨가 숨진 채 발견되었다. C씨의 죽음은 옆 건물 보수를 위해 방문한 수리공이 악취가 난다고 경찰에 신고하여 알려졌다. 사망한 지 약 석 달이 되도록 이웃, 가족, 지방자치단체까지 누구도 그의 죽음을 알지 못했다. C씨는 비혼이었으며 일용직 노동과 배달 등을 하며 지낸 것으로 알려졌다. 누나와 여동생이 있지만 모두 먼 곳에 거주했고 평소 왕래가 없었다.

보건복지부는 2022~2023년 2년간 우리나라에서 발생한 고독사 현황 및 특징을 살펴본 〈2024년 고독사 사망자 실태조사〉 결과를 발표했다. 이 조사에 따르면 고독사 사망자는 2022년 3,559명, 2023년 3,661명으로 나타났다. '고독사 예방 및 관리에 관한 법률'(약칭 '고독사예방법') 시행 및 지방자치단체의 노력으로 전체 사망자 100명당 고독사 사망자 수는 2021년 1.06명에서 2023년 1.04명으로 소폭 줄었지만, 전체적으로는 결코 적은 수치가 아니다.

누구의 도움도 받지 못하고 질병이나 경제적 어려움으로 괴로워한다. 죽은 후에도 아무도 찾아오지 않는다. 그렇게 몇 주 혹은 몇 달 만에 시신으로 발견된다.

이렇게 쓸쓸히 삶을 마감해도 되는 사람은 없다. 마음을 터놓고 이야기할 사람이 한 명도 없는 삶은 얼마나 외로운가. 만날 친구도, 전화를 걸 지인도 없이 사람이 이렇게 쓸쓸히 세상을 떠난다는 것은 얼마나 끔찍한 일인가.

사람에게 있어 친밀한 관계를 맺는 것은 생존과 직결되는 일이다. 캘리포니아대학교 임상 교수이자 캘리포니아 퍼시픽병원에서 심장병 전문의로 활동하고 있는 딘 오니시Dean Ornish는 《관계의 연금술》에서 사랑과 생존은 밀접한 관련이 있다고 말한다. 그에 따르면 우리의 생존은 사랑과 친밀감, 관계가 불러일으키는 치유의 힘에 달려 있다.

사랑받고 있다는 느낌은 그 정도가 아주 낮을지라도 질병의 치유에 긍정적 영향을 미친다. "당신의 아내는 당신에게 사랑을 표현합니까?"라는 간단한 질문에 "예"라고 대답한 사람들은 실제 위험 요인이 더 많은 경우에도 협심증 발병률이 현저히 적게 나타났다. "아니오"라고 대답한 이들의 협심증 발병률은 2배 가까이 높았다.

콜레스테롤 수치와 혈압이 높고 평소 불안과 스트레스를 크게 느낀다면 협심증 발병 위험이 높다. 하지만 배우자의 사랑은 이러한 위험을 뛰어넘는 결정적 요인이었다. 오늘날의 의학은 투약과 수술 등 육체적이고 기계적인 측면에 초점을 맞추는 경향이 있다. 의학적으로 콜레스테롤 수치를 낮추는 것이 심장병이나 심장발작의 위험을 감소시키는 것은 분명하다. 그러나 오니시 박사에 따르면 콜레스테롤 수치를 포함한 위험 요인이 복합적으로 존재할 때도, 이것이 직접적으로 심장병의 원인이 되는 경우는 50퍼센트에 불과하다.

"당신을 진정으로 배려해주는 사람이 있는가?" "당신을 친한 친구로 생각하는 사람이 있는가?" "당신을 사랑하는 사람이 있는가?" "기꺼이 당신을 돕는 사람이 있는가?" "비밀을 털어놓을 수 있는 사람이 있는가?" 이러한 질문들에 대한 답이 "없다"라면 온갖 원인에 의한 질병이나 조기 사망의 위험이 3~5배 더 높다는 연구 결과가 있다. 또한 사람들은 사랑과 배려를 받는다고 생각할 때 자기 파괴적 습관보다는 삶의 질을 높이는 습관을 선택할 확률이 높다.

점점 심각해지는 고독사 문제를 해결하기 위해 정부는 2023년 〈제1차 고독사 예방 기본계획(2023~2027년)〉을 발표 했다. 2020년 제정돼 2021년부터 시행된 '고독사예방법'에 따라 마련된 것으로, 1차 목표는 2027년까지 고독사 사망 자 수를 2023년보다 20퍼센트 줄이는 것이다. 고독사 위험 군을 발굴해서 위험 요인을 해소하기 위해 다양한 복지 프 로그램을 연계 지원하고, 급증하는 고독사 사망자를 줄이 기 위해 지역의 주민과 상점을 게이트키퍼로 양성하여 활 동하도록 하는 내용을 담고 있다.

사람들이 세상에서 버림받는 비극이 되풀이되지 않도 록 정부가 정책을 세운 것은 진일보한 일이다. 그러나 그보 다 먼저 우리의 가족과 지역 공동체에서 자발적으로 '나와 너'의 참만남운동이 벌어져야 한다. 우리가 사는 세상을 사 랑의 끈으로 연결해야 한다. '그것'으로 전락하는 사람들을 '너'라고 불러주고, 값을 매길 수 없는 소중한 사람이라고 이야기하며 손을 꼭 잡아주어야 한다.

이야기를 나누다 보면 깊은숨을 내쉬게 되는 순간이 있다. 사랑과 친밀감은 우리를 병들게도 건강하게도 하고, 슬프게도 기쁘게도 하며, 고통을 주기도 치유를 선사하기도 하는 근원이다. 사랑과 친밀감은 가장 연약해 보이지만 실제로는 가장 강한 힘을 지니고 있다. 우리는 만지고 느끼는 동물이다. 지난 수십만 년 동안 서로 돌봐주고 사랑하며 관계를 키워가는 법을 배운 사람들은 그런 것을 배우지 못한 사람들보다 더 잘 살아남았다.

'나와 너'라는 근원어가 '나와 그것'으로 바뀌면서, 천하보다 귀한 인간이 '그것'이 되어 쓸모없이 버려지게 되었다. 도대체 우리에게 '너'란 누구인가. 나에게 '너'는 '그것'으로 전락한 것인가. 이 안타까운 현실을 우리는 어떻게 받아들여야 하는가. 그것은 정말로 국가가 해야 하는 일일 뿐, 우리가 상관할 바는 아닌 것인가.

타
인
과

사
회

당신은 관계를 선택할 수 있다

우리에게 정말로 중요한 것은 무엇일까? 어디에 사는지, 무슨 일을 하는지, 얼마를 버는지에 관한 것일까? 실제로 우리가 한 사람에 대해 알고 싶을 때 가장 많이 물어보는 것도 집과 직장과 같은 외적 가치에 관한 것들이다. 그러나 외적 요소는 우리를 정의하거나 우리의 가치를 결정하지 못한다. 우리가 누구와 어떤 관계를 맺고 사는지가 우리에 대해 더 많은 것을 알려준다.

미국 일리노이대학교 심리학과 교수 에드 디너Ed Diener 는 200여 명을 대상으로 한 설문조사를 통해 가장 행복하다고 답한 상위 10퍼센트와 그렇지 않은 다수의 가장 큰 차이점은 돈, 건강, 운동, 종교가 아니라 관계에 있다는 것을 밝혔다. 하버드대학교 의과대학 조지 베일런트George E. Vaillant 교수도 《행복의 조건》에서 하버드대학교 졸업생 268명을 72년 이상 추적 관찰한 연구를 정리하며, 삶에서 가장 중요한 것은 사람들과의 관계며, 행복은 결국 사랑이라고 결론지었다. 물론 물리적 조건이나 외적 요소도 행복과 만족에 영향을 끼친다. 그러나 그것보다 누구와 어떤 관계를 맺고 사느냐가 더 중요하다고 할 수 있다.

직업 만족도에 큰 영향을 미치는 것은 돈이나 직급보다는 동료들과의 관계다. 동료들과 긍정적 관계를 형성하면 서로에 대한 신뢰와 지원을 바탕으로 원활하게 협업할 수 있고, 이는 직장에서의 행복과 성공으로 이어진다.

다른 사람과 친밀한 관계를 맺는 것은 생각 이상으로 중요하다. 어려운 상황에서 당신을 위로하고 지지하는 친구 한 명의 존재는 깊은 안정감과 감사함을 선사한다. 만일 물질적으로 풍요로운 생활을 살고 있더라도 가족과의 관계가 좋지 않다면 행복하지 못할 수 있다. 하지만 반대로 경제적으로 어려워도 가족과의 확고한 유대감과 지지와 이해가 있다면 함께 극복할 수 있을 것이다.

그렇지만 지금 우리는 관계를 제대로 맺으며 살아가고 있을까? 현실에서 관계에 무력감을 느끼는 이들이 많다. 타인은 번번이 예상을 벗어나고 우리의 통제 밖에 있기에 내 소관이 아니라고 생각하기 쉽다. 하지만 누군가와 함께하는 일에 우리는 주체적 책임을 지닌다. 인정하고 싶지 않을 수 있지만, 지금 맺고 있는 관계는 우리가 한 선택들의 결과다.

대인 관계에서 정말 중요한 것은 상대의 말이나 행동이 아닌, 자기 자신이 그것에 어떤 태도와 입장을 갖는가다. 내가 나에게 확신이 있으면 다른 사람들의 말이 어떠하든 크게 문제가 되지 않는다. 예를 들어 직장에서 억울하게 비난을 받았다고 하자. 누군가는 이로 인해 힘들어하다 우울해지고, 죽고 싶은 마음까지 품을 수 있다. 그러나 다른 누군가는 비슷한 상황에 처해도 그것이 사실과 다르기에 자신은 떳떳하다고 생각한다. 물론 분노는 느끼겠지만, 그래도 잘 대처하며 자신의 길을 걸어간다. 결과적으로 잘 모르는 이들의 이야기는 아무 소용없는 쓰레기로 남게 된다.

우리는 나를 가장 미워하는 사람에게 스스로를 병들게 하는 힘을 쥐여주는 경향이 있다. 이는 정말 아이러니한 일이다. 다름 아닌 자신이 그들에게 권한을 준다는 사실을 인지할 때, 비로소 그들의 영향력에서 벗어날 수 있을 것이다. 감추려 하지 않고 오히려 사람들에게 공개적으로 감정을 표현하며 대처할 때 우리는 심리적 치유의 길을 찾는다.

분노는 마음을 닫게 만드는 반면, 연민은 마음을 여는 출발점이 될 수 있다. 다른 사람이 우리를 부당하게 대할 때, 우리는 그들을 '바보 같은 사람' 혹은 '재수 없는 사람'이라 생각하곤 한다. 하지만 이와 같은 생각은 분노로 이어지고, 결과적으로는 자기 자신까지 그들의 관점으로 보게 되는 부작용을 낳는다.

그들에게 동정적으로 대응하는 반대의 방법도 있다. 이를테면 그들을 '무지하다' 혹은 '불쌍한 사람이다'라고 생각하며 분노를 덜어내는 것이다. 같은 상황에 대해 어떤 해석을 선택하느냐에 따라 인간관계를 부정적으로 혹은 긍정적으로 이끌 수 있다.

독립적 에고ego는 우리를 다른 사람에게서 분리한다. 예를 들어 "내 신념이 더 바람직하기 때문에 나는 너보다 낫다"라고 말하는 사람이 있을 수 있다. 또한 "내가 더 지위가 높다" "내가 더 많은 돈을 가지고 있다"와 같이 생각할 수도 있다. 모두 자아의 독립성을 강조하며 다른 사람과 비교하는 태도다. 우리는 다양한 상황에서 자신이 다른 사람보다 더 우월하거나 열등하다고 여기는 수많은 방법을 가지고 있다. 서로 분리시키며 자신이 혼자라고 느끼도록 만드는 분위기는 필연적으로 외로움과 고독으로 이어진다.

하지만 우리는 자신의 의지대로 대인 관계를 꾸려갈 수 있고, 소중한 사람과 친밀하게 지낼 수 있다. 사람들은 종종 나에게 어디에 살고 있는지 묻곤 한다. 나는 아버지가 돌아가신 후 혼자 남은 어머니와 함께 살기 위해 아파트에서 농촌 지역의 단독주택으로 이사를 했다. 서울에 있는 직장까지 거리가 더 멀어져 통근이 불편해졌다. 그러나 나는 집을 소유나 위치의 문제가 아니라 가족들과 함께 행복하게 사는 주거의 개념으로 보기 때문에 그 정도의 불편은 기꺼이 감내하고 있다.

나는 이 동네에서 사는 것이 만족스럽고 행복하다. 매일 도시와 농촌을 오가며 여행을 다니고 있다고 생각한다. 밤마다 반짝이는 별들을 볼 수 있고 아침엔 맑은 공기를 마실 수 있다. 무엇보다 가족들이 함께 모여 깊은 유대감을 느끼고, 서로 돕고 지원하며 살아갈 수 있다.

인간은 사회적 동물이다. 우리는 다른 사람들과 함께 있을 때 행복을 느끼고, 공동체 안에서 살아가며 삶의 의미를 찾는다. 이런 관점에서 볼 때, 어디서 사는지보다 누구와 함께 사는지가 더 중요하다는 사실은 분명하다. '어디서'에 집중하는 것은 외부적 환경에 초점을 맞추는 것이다. 반면, '누구와'에 집중하는 것은 내부적 가치와 감정에 초점을 맞추는 것이다. 나는 조금은 불편해도 친밀한 관계를 맺으며 살아가는 삶을 선택했다.

더 이상 베르테르를 따라가는 이들이 생기지 않도록

생명의전화 전화상담과 사이버상담의 추세를 보면, 상담률이 크게 증가하는 순간이 있다. 바로 인기 연예인이나 유명인이 자살하고 난 직후다. 많은 전화자가 유명인이 자살했다는 소식을 접한 후 큰 충격과 고통을 느낀다고 이야기한다. 어찌할 수 없는 그들의 죽음이 너무나 안타깝고 슬프다는 것이다. 가슴이 뛰고 불안하여 잠이 오지 않는다는 전화자도 있고, 자신도 힘겹게 살고 있는데 허망하게 죽는 것을 보니 자살충동까지 느낀다는 전화자도 있다.

유명 배우가 자살하여 온 사회가 큰 충격에 빠진 적이 있다. 나도 충격 속에 있는 와중에 한 중년 남자가 전화를 걸어왔다. 약간의 음주를 했는지 말이 어눌했다. 그는 다짜고짜 "선생님, 저는 자살할 겁니다"라고 했다. 나는 그에게 "많이 힘드신가 보군요. 어떤 일이 선생님을 죽고 싶게 했는지 이야기를 나누어볼 수 있을까요?"라고 응답했다. 그는 "어제 그 배우가 자살했잖아요?"라고 이야기를 시작했다. 나는 그에게 "그 배우가 자살해서 선생님이 많이 놀라셨나 보군요. 그 배우의 자살과 선생님이 죽어야 한다는 것 사이에 어떤 연관이 있는지 모르겠네요. 혹시 그것에 대해 이야기해줄 수 있을까요?"라고 말했다. 그는 다음과 같이 자문자답했다.

> "선생님, 그 배우가 얼굴이 못났습니까? 잘났죠. 돈이 없습니까? 많죠. 인기가 없습니까? 많죠. 미래가 없습니까? 미래가 보장되어 있죠. 모든 것을 다 갖고 있는 저런 사람도 죽는데 나같이 하루하루 희망 없이 살아가는 사람이 살아서 무엇 하나요. 선생님, 내가 살아야 하는 이유가 무엇이죠?"

나는 그에게 "그 배우의 죽음이 선생님에게는 이해가 되지 않았나 보네요. 모든 것을 다 갖고 있는 사람도 죽는 것을 보니 자신의 처지가 더 비관적으로 생각되는군요. 그래서 화가 나셨고요. 선생님, 어떤 점이 그렇게 힘든지 같이 이야기해보면 어떨까요?"라고 하면서 한참 동안 그의 어려운 처지를 듣고 공감해주었다.

상담을 마치고 나니 가슴이 먹먹했다. 그는 유명 배우의 죽음으로 인해 큰 영향을 받았다. 배우의 처지와 자신의 처지를 비교하며 끝내 자살충동을 느꼈다. 하지만 자살충동의 결정적 원인은 배우의 죽음이 아니다. 진짜 문제는 기대했던 삶을 현실에서 이루지 못해 힘든 마음에 있었다. 그런데 배우의 소식을 접하니 더더욱 깊은 좌절이 밀려왔고, 결국 강한 자살충동을 느꼈다는 것이다.

유명인의 자살 후 일반인의 자살률이 증가하는 현상은 '베르테르 효과'라고 부른다. 삼성서울병원 전홍진 교수와 그 연구팀은 2021년 논문을 발표해 '자살예방 및 생명존중 문화 조성을 위한 법'(약칭 '자살예방법')과 〈자살보도 권고기준〉 시행을 기점으로 우리나라 자살률 추이를 분석했다. 이에 따르면 2005년부터 2011년 사이 유명인의 자살 후 한 달 동안 자살률은 평균 18퍼센트 증가했다. 그러나 '자살예방법'이 시행된 2012년부터는 자살률이 점차 줄었고, 〈자살보도 권고기준〉이 개정된 2013년에도 그 추세를 이어갔다. 이는 자살에 대한 언론보도를 자제하고 신중히 묘사하면 자살을 예방할 수 있다는 '파파게노 효과Papageno effect'가 과학적으로 규명된 것이라고 볼 수 있다. 그러나 근래에는 유튜브, 소셜미디어 등 더 쉽고 다양한 경로로 유명인의 자살소식이 전해지고 있다. 특히 이런 매체에 더 많이 노출되어 있는 우리 청소년들의 모방자살을 막기 위해서 사회의 자정 노력이 절실히 요구된다.

교육심리학자인 앨버트 밴듀라Albert Bandura는 사회학습이론을 주장했다. 그의 이론에 따르면 타인의 행동을 관찰하는 것만으로 모방학습이 가능하다. 모방학습은 타인의 행동에 주의를 기울이는 단계attention, 관찰한 행동을 기억하는 단계retention, 기억한 행동을 자신의 행동 지침으로 받아들이는 단계moter reproduction, 관찰 행동의 수행 여부를 결정하는 동기화 단계motivation로 이루어진다.

이 사회학습이론의 4단계를 유명인의 자살과 관련해서 살펴보면 다음과 같다. 유명인의 일거수일투족에 관심이 있던 팬과 국민은 그의 갑작스런 자살 사망으로 큰 충격을 받는다. 그가 사망한 이유, 방법, 시간 등을 보도하는 기사가 넘쳐난다. 사람들은 반복적으로 그의 자살과 관련된 기사에 노출되고 자연스럽게 그것을 기억한다. 힘겹게 살고 있는 사람들은 자살 사망자와 자신을 동일시해 그의 죽음을 자신이 해야 할 것으로 받아들인다. 더구나 각종 매체는 그가 어쩔 수 없이 자살로 내몰렸으며, 자살이 유일한 문제 해결의 방법인 것처럼 정당화하기도 한다. 이러한 과정을 거쳐 사람들은 유명인을 따라 자살시도를 하게 된다.

감수성이 예민하고 가치관이 완전히 형성되지 않은 청소년은 유명인의 죽음에 성인보다 더 큰 영향을 받는다. 특히 학업이나 진로에 대한 고민, 우울증과 같은 정신과적 문제, 대인 관계의 어려움 등으로 힘들어하는 청소년은 자신이 겪고 있는 고통에서 벗어나기 위해 유명인과 같은 방식으로 생을 마감하려 할 위험이 있다.

보건복지부와 한국기자협회에서 보도 준칙을 마련해 시행하고 있기는 하지만, 이것만으로는 충분하지 않다. 언론 보도뿐 아니라 유튜브, 소셜미디어에서 자살기사가 넘쳐나며, 방송 영상 콘텐츠에 자살장면이 빈번히 등장한다. 드라마를 더 극화하고 이목을 끌기 위해 동원되는 자살장면은 생명경시 풍조를 조장하고 자살사건을 미화하는 경향이 있다. 우리 사회가 자살과 관련한 언론보도를 자제하는 한편으로, 영상 콘텐츠로 유포되는 죽음의 문화를 제어할 장치를 보다 강하게 작동했으면 좋겠다.

가볍게 넘기곤 하는 사진 한 장, 기사 한 단락, 영상 한 편을 보고 누군가는 모방자살을 시도할 수 있다. 감수성이 예민한 청소년에게는 그것이 결정적일 가능성이 충분히 있다. 각종 매체에서는 자살보도에 대한 사회적 책임을 인식하고 보도 준칙을 잘 준수하길 바란다. 방송 영상 콘텐츠에서도 자살과 관련된 표현을 자제하길 권한다.

다시 높아진 자살률을 줄이고 천하보다 귀한 생명을 지키기 위해서 다시 한번 우리의 마음을 모아야 할 때다. 사람의 생명보다 더 큰 보도의 가치는 없다. 사람의 생명보다 더 아름다운 방송 이미지는 없다.

슬픈 한국인의 초상

청소년에서 노인에 이르기까지 생명의전화에 전화를 걸어오는 이들의 연령대는 다양하다. 세대는 다양하지만, 이들의 전화 내용은 모두 슬픔의 언어로 이루어져 있다.

10대는 학업의 중압감과 친구 관계 등으로 힘들어한다. 20대, 30대는 청년실업과 비정규직 문제 등으로 미래에 대한 희망을 상실하고 자포자기한다. 40대, 50대는 장기간의 경기 침체로 인한 경제적 압박감, 조기퇴직과 실업의 두려움, 가족 간의 불화와 이혼에 대한 스트레스, 노후 준비는 꿈도 못 꾸는 현실에 대한 불안감이 크다. 60대, 70대 이상은 친구들의 죽음과 질병, 자식들에 대한 서운함, 소외감과 외로움 등으로 절망에 빠져 있다.

실제로 정치, 경제, 사회, 종교 등 모든 측면에서 밝은 이야기보다는 슬프고 우울한 이야기가 많이 들려오는 것 같다. 유명인의 사망, 용산 참사, 세월호 참사에 이어 이태원 참사, 장기간의 코로나19로 인한 침체같이 전 국민을 애도하고 절망하게 한 사건들이 많았고, 지금도 일어나고 있다.

생명의전화는 24시간 수많은 전화자의 슬픈 마음을 읽고 걷어내려고 노력한다. 그렇지만 어찌 생명의전화나 개인의 힘만으로 하루하루가 힘들고 슬픈 한국인의 마음을 온전히 위로할 수 있을까.

나는 자신을 긍정적이라고 생각하지만, 때로 부정적 마음에 사로잡히곤 한다. 행복과 감사보다는 미움과 분노를 불러일으키는 일이 많고, 긍정적 마음을 계속 유지하는 것이 쉽지 않은 현실이다. 그럴 때마다 학창 시절, 책상 앞에 놓인 작은 돌에 새겨져 있던 글귀를 떠올린다. 바로 "행복은 마음에 있다"라는 것이다. 당시에는 그 말의 의미를 이해하지 못했지만, 성인이 되어서야 마음의 상태에 따라 행복하거나 불행할 수 있다는 것의 진정한 의미를 깨달았다.

긍정적 마음을 가지면 어려운 상황에서도 긍정적 측면을 찾아 행복해질 수 있다. 반면, 마음이 부정적이라면 좋은 상황에서도 부정적 측면을 찾아 불행해질 수 있다.

경제 위기 시기에 회사의 부도를 막지 못해 난관을 맞닥뜨린 사람과 많이 상담했다. 그들 중 "더 이상 희망이 없다" "이제 끝이다"라고 절망한 이도 있었고, "길이 있을 것이다" "다시 시작하자"라며 희망을 표현한 이도 있었다. 어느 쪽이 당면한 위기를 더 잘 극복할지는 명확하다.

그렇지만 긍정적 마음을 가지는 것은 가능한 일일까? 어떻게 해야 힘든 상황에서 내면의 긍정성을 끄집어낼 수 있을까. 다행스럽게도 방법이 있다. 러닝을 하는 사람이 첫날에는 10분 뛰기도 힘들지만 나중에는 30분 넘게 뛸 수 있고, 외국어를 공부할 때 처음에는 단어 하나도 낯설지만 나중에는 문장을 어렵지 않게 해석할 수 있는 것처럼, 긍정적 태도를 습관화하려고 노력하면 우리는 실제로 점차 긍정적 사람이 된다.

긍정적 생각과 감정에 뇌는 즐거움을 느끼고 긍정적으로 반응한다. 인간의 정서와 뇌의 관계를 심도 있게 연구한 미국 위스콘신대학교 리처드 J. 데이비슨Richard J. Davidson

박사는 긍정적 감정은 뇌의 좌측 전전두엽의 부위를 활성화한다고 했다. 이 부위는 기쁨, 보상, 기대와 같은 긍정적 감정을 조절하며, 특히 긍정적 경험을 통해 즐거움을 느끼고 이에 긍정적으로 반응하도록 돕는다.

여러 뇌과학 연구에 따르면 긍정적 생각과 감정은 뇌 내의 화학 물질인 도파민과 세로토닌의 분비를 촉진하여 기분을 개선한다. 신진대사를 원활하게 해주는 호르몬의 분비를 증가시켜 건강에도 좋은 영향을 미친다.

긍정적 사람이 되는 것은 다른 많은 일과 마찬가지로 연습을 통해 가능한 일이다. 놀랍게도 다른 사람의 도움을 받을 수도 있다. 독일 프리드리히쉴러예나대학교 연구자들은 애정 어린 긍정적 표현이 뇌의 전전두엽 피질을 활성화한다는 사실을 밝혀냈다. 이 부위는 자아상과 정서적 의사결정에 중요한 역할을 한다. 그러므로 위로와 사랑을 담은 말은 자아 인식을 높이고, 더 나은 정서적 판단을 가능하게 한다.

생명의전화가 하고자 하는 것이 이런 일이다. 생명의전화는 시공간의 제약 없이 슬픔에 잠긴 사람들의 전화를 받는다. 상담자는 전화자의 이야기를 비판 없이 경청하고, 그들의 슬픔을 따뜻하게 공감해주며, 슬픔 너머에 있는 희망을 함께 이야기한다. 이러한 과정을 통해 전화자들은 점차 슬픔이 희망으로 변화하는 것을 느낀다.

우리 사회는 경제적 불확실성과 크고 작은 슬픔으로 가득하다. 이런 때일수록 서로에게 용기를 북돋아주어야 한다. 진심 어린 위로와 응원의 말 한마디는 개인뿐 아니라 사회 전체에 긍정적 변화를 가져올 수 있다. 상호 지지는 슬픈 한국인의 초상을 넘어 희망찬 사회로 나아가게 하는 원동력이 될 것이다.

슬픔의 마음이 해소되지 않고 쌓이면 홍수에 둑이 무너져 내리듯 마음이 터질 수 있다. 터진 마음에 걸려 넘어질 수 있는 사회는 얼마나 아프고 위험한 곳인가. 슬픔이 쌓이고 쌓여 만성적이고 집단적인 것이 되지 않기 위해 개인도 부단한 수련이 필요하겠지만, 그것이 전부는 아니다.

오늘도 슬픔에 잠긴 사람들의
전화를 받는다.
비판 없이 경청하고,
따뜻하게 공감해주며,
슬픔 너머의 희망을 이야기한다.
홍수에 둑이 무너져 내리듯
마음이 터지지 않도록.

안전한 국가에서 살고 있지 않다는 생각

세월호 참사 후 10년이 넘는 세월이 지났지만, 우리 마음 속에 아직도 지나간 사건이 아니라 오늘의 일로 기억된다. 아마 시간이 더 지난다고 해도 마찬가지일 것 같다. 그만큼 우리가 받은 충격과 고통이 컸기 때문일 것이다. 하물며 유가족의 마음은 어떠하겠는가. 아마 그들의 시간은 그때 그 장소에서 한 발짝도 움직이지 못했을 것 같다.

2014년 4월 16일, 세월호는 제주도로 향하던 중 침몰했다. 이 사고로 304명이 목숨을 잃었고, 그중 대부분이 수학여행을 떠난 고등학생들이었다. 참사는 과적과 부적절한 선박 관리, 부실했던 구조 작업, 규제 감독의 소홀 등 복합적 요소에서 비롯되었다. 그러나 그 원인의 더 깊은 곳에는 생명과 안전보다 돈을 더 우선시하는 황금만능주의의 얼굴이 숨어 있다.

그날을 생각하면 배와 승객을 버리고 먼저 탈출을 시도한 선장과 일부 직원들, 전복된 배에 매달려 구조의 손길을 기다리는 학생들, 탈출의 골든타임을 놓치게 만든 "가만히 있으라"던 안내 방송, 서로 책임을 지지 않으려고 했던 당국자들이 떠오른다. 그리고 잠수사들의 필사적인 구출 작전, 한 명이라도 더 구조되기를 바라면서 함께 기도했던 사람들의 모습도 기억난다.

세월호가 침몰하는 모습을 바라보면서 우리는 안전한 나라에서 살고 있지 않다는 생각을 하게 되었다. 2014년 시장조사전문기업 마크로밀 엠브레인의 트렌드모니터는 전국 19~59세 성인 남녀 1,000명을 대상으로 설문조사를 실시하여 〈세월호 사고 관련 전반적 인식 평가〉를 발표했다. 이에 따르면 국민의 대부분은 대한민국을 '안전한 국가'로 인식하지 않았고, 향후 '세월호 사고'보다 더 큰 사건이 일어날 가능성이 있다고 보았다. 안전 문제에 대한 국민의 불안과 불신이 매우 심각한 상태임을 보여주는 결과였다.

2022년 10월 29일, 우리는 서울 이태원에서 일어난 또 한 번의 참사를 지켜봐야 했다. 핼러윈을 즐기려고 모인 인파를 제대로 통제하지 못해 압사가 발생했다. 159명의 소중한 생명이 희생된 이 사건은 사전 대비와 현장 관리가 부족해서 발생한 대표적 인재였다. 당시 많은 사람이 사고 위험성을 예감하고 지원을 요청했지만, 경찰과 지방자치단체는 이에 제대로 대응하지 않았다. 이태원 참사는 안전 관리 부재가 얼마나 큰 비극을 초래할 수 있는지를 다시금 보여주었다. 사고 이후 책임 공방을 벌이는 모습은 세월호 참사 때와 크게 다르지 않았다.

　우리는 부끄럽게도 세월호 참사를 겪고도 크게 변하지 않았다. 세월호 참사와 이태원 참사는 우리 사회에 만연한 안전 불감증을 그대로 보여준다. 우리는 '설마 나에게는, 우리 가족에게는 이런 일이 일어나지 않겠지'라고 생각하며 살아가는 것이 아닌지 모르겠다. 그리고 이러한 안일한 태도가 국가 재난 대응 시스템에도 그대로 영향을 미치고 있는 것은 아닌지 모르겠다.

　여러 참사는 피해자들뿐 아니라 국민 모두에게 집단적 트라우마를 남긴다. 세월호 유가족과 생존자, 이태원 참사의 목격자와 피해자는 여전히 깊은 심리적 고통 속에 살아가며, 불안, 우울증, 외상 후 스트레스 장애 등의 정신건강 문제를 앓고 있다. 국가와 사회는 그들에게 심리적·제도적 지원을 충분히 제공했는가. 참사가 전 국민의 불안과 신뢰 상실로 이어지지는 않았는가. 충분히 성찰할 문제다. 참사 이후 적절하게 대응하면 공동체의 연대가 끈끈해지지만, 그렇지 못할 때는 공동체의 분열을 초래하기 때문이다.

우리가 안전한 국가에서 살고 있다고 생각하기 위해서는 근본적 변화가 필요하다. 먼저, 정부는 소 잃고 외양간 고치는 일을 반복하지 말아야 한다. 사고를 예방할 수 있는 법적·제도적 체계를 구축하고, 사고가 발생해도 효과적으로 대응할 수 있도록 장치를 마련해야 한다. 그리고 '안전은 생명이다'라는 사회적 인식의 변화가 필요하다. 안전은 단순히 개인의 문제가 아니라 사회 전체가 함께 만들어가야 할 문화다. 학교와 직장 등 다양한 조직에서 생명 안전 문화 확산 교육을 실시해야 한다.

무엇보다 사고의 피해자들과 그 가족들의 상처 치유와 회복을 돕는 심리적·재정적 지원이 절실하다. 그들이 일상으로 돌아갈 수 있도록, 피해자들이 안고 있는 상처와 무거운 짐을 국가와 사회가 함께 짊어져주어야 한다. 안전한 국가라는 것은 국민과 국가가 함께 쌓아가야 할 가장 기본적이고 소중한 가치가 아닐까.

안전한 국가에서 살고 있다는 믿음이 그냥 주어지지는 않을 것이다.

#2

수
신
자

우리가 서로의 생명의전화가 될 수 있다면

경
청
과

진
정
성

당신은 누군가의 상담자다

"안녕히 주무셨습니까?" "식사는 하셨습니까?" 내가 수없이 많이 하는 말이다. 아마 이 글을 읽는 이들도 마찬가지일 것이다. "어제 잘 잤어?" "밥 맛있게 먹었어?" 언젠가 비슷한 말을 한 적이 있다면, 당신은 누군가의 생명을 지킨 것이다.

자살위험에 처한 사람들을 도울 수 있을까. 이 질문에 대한 답은 모두가 적절히 대응할 수 있다는 것이다. 경고신호를 알아차리기만 한다면 말이다. 죽고 싶은 사람들은 '도움을 찾는 울음cry for help'을 반드시 내비친다. 그들이 울면서 도움을 찾아 손을 내밀고 있는데 아무도 잡아주지 않을 때 소중한 생명은 위기에 처한다.

2023년 한국생명존중희망재단에서 발표한 〈2022 심리부검 면담 결과 보고서〉에 따르면 자살 사망자 중 90퍼센트 이상이 자살 전 언어적·행동적·정서적 변화를 보였다. 언어적으로는 자살이나 살인, 죽음에 대한 말을 자주 하고, 행동적으로는 수면 상태와 식사 상태가 바뀌며, 정서적으로는 감정 상태의 변화, 무기력, 대인기피, 흥미 상실 등의 경고신호를 보냈다. 이와 같은 경고신호를 민감하게 인지하고 도움을 줄 수 있는데, 자살의 위험 요인을 줄이거나 보호 요인을 강화하는 두 가지 방법이 있다.

위험 요인은 크게 근거리 요인과 원거리 요인으로 나눌 수 있다. 근거리 요인은 실직하거나 시험에 떨어지고, 이혼이나 사별과 같은 상실을 겪으며, 사회적으로 고립되거나 소외되는 등 자살을 직접적으로 촉발할 수 있는 주요 생활 스트레스 요인이다. 원거리 요인은 사회적 지지 부족, 우울증 등 정신과적 문제, 알코올 및 약물 남용이나 자살시도 이력, 자원 및 대처 능력 부족 등 자살행동에 간접적으로 영향을 미치는 개인적 취약성 요인이다.

근거리 요인은 사회적·환경적 스트레스로 자살을 촉발하고, 원거리 요인은 개인의 심리적 취약성을 높여 자살행동의 기반이 된다. 이 두 가지 요인은 상호작용하며, 자살행동이 나타나는 필요충분조건을 형성한다. 근거리와 원거리 위험 요인을 정확히 이해하여 이를 제거하거나 줄여주는 것은 자살예방에 중요하다.

보호 요인은 자살행동을 예방할 수 있는 요인을 말한다. 보호 요인은 자살예방에서 상대적으로 덜 중요하게 여겨지곤 하지만, 자살에 대한 절연체 역할을 하기에 경시해선 안 된다. 가족의 지지를 받는 것은 결정적인 보호 요인이다. 그 외에 사회적 기술을 갖추고, 친구나 다른 사람들과 지속적이고 긍정적인 관계를 유지하고, 자신이 성취한 바에 대해 자신감을 가지고, 개방적 태도를 지니며 인지적 유연성과 긍정적 성격을 지니는 것이 포함된다. 이와 같은 보호 요인들을 강화하는 것이 자살예방의 핵심이다.

얼핏 복잡해 보일 수 있지만, 사실 우리가 지금 여기서 자살을 예방하고 생명을 지키기 위해 해야 할 일은 간단하다. 바로 사랑과 관심을 보여주는 것이다. 잘 잤느냐는, 밥 맛있게 먹었느냐는 인사는 별것 아니게 느껴질 수도 있다. 하지만 잠을 못 자고 밥도 잘 먹지 못하는 사람들에게는, 마음을 살펴주는 결정적 한마디일 수 있다.

학교 친구나 직장 동료, 자주 가는 가게의 직원…. 우리는 매일 소중한 사람과 만난다. 그들이 침울해 보이면 그냥 넘어가기보다 물어보자. "표정이 안돼 보이네요. 걱정이 되어서 그런데 혹시 무슨 일이 있으셨나요?" 이 질문에 상대가 대답하면 그 이야기를 비판하지 않고 있는 그대로 들어준다. 굳이 조언하지 않아도 되고 해결책을 마련해주지 않아도 된다. 이야기하는 가운데 "내가 죽으면 우리 부모님들이 슬퍼하겠죠?" "사람이 죽고 나면 사후 세계가 있을까요?"와 같이 상대가 죽음에 관해 이야기할 수도 있다. 그러면 경고신호를 그냥 넘기지 말고, "혹시 자살을 생각해보셨는지 모르겠네요?"라고 질문한다.

자살의도가 확인되면 "어떤 방법으로 자살을 시도하려고 했나요?" 같은 질문도 필요하다. 구체적 자살계획이 있다는 것이 확인되면 전문가에게 도움을 받도록 권유하거나 전문가에게 의뢰해서 실질적 도움을 받도록 해야 한다.

직접 자살위험을 평가하는 질문을 던질 수도 있다. 대표적으로는 이런 것들이다. "최근 어떤 문제로 가장 큰 고통을 겪고 있나요?" "주변에 당신을 도와줄 사람이 있나요?" "이전에 자살을 시도해보신 적이 있나요?" "최근 정신적으로 힘들어서 정신과에 가보셨나요?" "살아가는 의미가 무엇인가요?" 그 밖에 스트레스의 정도, 사회적 지지망, 이전 자살시도 경험, 정신과적 문제 등을 물어볼 수도 있다.

우리는 누군가의 생명을 지킬 수 있다. 자신의 이야기를 들어주는 한 사람의 존재가 그를 죽지 않도록 붙잡아준다. 다른 사람에게 사랑과 관심을 보이는 것, 이것은 누구나 할 수 있는 일이다.

"안녕히 주무셨습니까?"
"식사는 하셨습니까?"
"어제 잘 잤어?"
"밥 맛있게 먹었어?"

이야기를 들어주는 한 사람의 존재가
그를 죽지 않도록 붙잡아준다.

언제 터질지 모르는 마음

출근길 버스를 타는데 뒤에 있던 사람이 새치기한다. 빠듯한 시간을 쪼개 카페에 갔는데 직원이 서툴러서 음료가 늦게 나온다. 열심히 준비한 프로젝트에 동료들이 잘 협조해주지 않는다. 일상을 살아가다 보면 짜증이 폭발하고, 화를 주체하기 힘들 때가 있다. 우리는 서로 화를 주고받으며 살아가는 것 같기도 하다.

"왜 서로에게 그렇게 나쁘게 대하는 걸까요?" 나는 종종 이런 질문을 받곤 한다. 이 질문에 대한 답은 여러 가지가 있을 것이다. 그러나 내가 생명의전화 실무자로 일하면서 생각해본 바로, 기대와 현실 사이의 괴리감이 큰 것이 한 이유인 것 같다. 상담하다 보면 대부분 기대했던 삶을 현실에서 이루지 못하며 산다는 것을 알게 된다.

행복한 가정을 일구어 오순도순 잘 살고 싶었는데, 현실은 배우자의 외도로 가정이 파탄 났다. 경제적으로 성공하여 사회에 기여하고 싶었는데, 현실은 경제 위기로 사업이 부도를 맞았다. 시험을 잘 봐서 원하는 대학에 들어가고 싶었는데, 현실은 성적이 실망스러울 정도로 안 나왔다.

현실은 기대를 돌려주지 않는다. 살아가면서 기대가 100점이라고 할 때 현실적으로 자기 삶이 100점이라고 이야기할 수 있는 사람이 얼마나 될까. 강의할 때 청중에게 질문해보면 100점이라고 이야기하는 사람은 거의 없다. 그렇다고 이야기하는 사람은 종교적 신념이 강해 현실이 어려워도 삶이 만족스럽다고 믿는 경우뿐이다.

대부분의 현실은 90점, 80점, 70점, 60점, 50점 이하로 생각할 수 있을 것이다. 현실이 50점 이상인 사람들은 그나마 괜찮다. 이 정도면 기대와 현실 간의 차이를 줄이기 위해 열심히 노력할 수 있다. 그런데 현실이 10점 남짓인 사람이 있다. 90점이라는 괴리감은 혼자 노력해서 극복하기가 쉽지 않다.

기대와 현실 사이의 괴리감이 줄어들지 않고 계속 커져 감당하기 어려워질 때 괴리감은 욕구불만으로 이어진다. 욕구불만이 커지면 화가 난다. 화가 자기 안으로 향하는 경우와 자기 밖으로 향하는 경우가 있다. 자기 안으로 화가 쌓이면 화병이 된다. 지금 자신이 처한 어려운 상황이 모두 자기가 못난 탓이라고 생각한다. 스스로를 계속 공격하며 부정적 정서 상태가 첨예해지고 인지적 몰락 상태에 빠진다. 결국 자신의 삶에 어떠한 의미도 부여하지 못하고, 자살까지 이르는 경우가 있다.

　　화가 자기 밖으로 표출되면 누군가를 공격하기 쉽다. 카페나 음식점 직원에게 별것 아닌 일로 꼬투리를 잡아 화를 내거나 회사에서 후배의 작은 실수에 걷잡을 수 없이 분노를 터뜨린다. 심할 경우 사회에 불만을 품고 불특정 다수에게 폭력을 행사하거나, 극단적 사례로는 살인까지 저지를 수 있다.

　　상담이란 우리 안에 있는 크고 작은 화를 합리적이고 생산적으로 풀어주는 일이다. '상담相談'의 한자를 살펴보면 '서로 상相'과 '말씀 담談'으로 구성되어 있다. 여기서 '담談'을 분석하면 '말씀 언言' 변에 '불탈 염炎'의 합성어다. 불탈 염은 불 화火 두 개가 모여 있다. 더 화가 난다는 뜻이리라. 그러므로 상담이란 한자어를 풀이하면 대화를 통해서 상대의 마음속에 있는 화를 풀어주는 것을 뜻한다. 이는 전문적 상담자의 역할이기도 하지만 그 이전에 가장 가까운 사람도 할 수 있는 것이다. 이야기를 들어주는 것만으로, 우리는 화로 인한 그의 긴장을 누그러뜨릴 수 있다.

매사에 신경질적인 동료가 있을 때, 가족이 요즘 부쩍 짜증이 늘었을 때, 같이 화를 내는 것은 가장 쉬울 선택지일지 모른다. 하지만 팽팽하게 차오른 그의 내면을 살짝 느슨하게 만들어주는 것 또한, 우리가 선택할 수 있는 일이다.

바람이 가득 들어 있는 고무풍선에 바람을 계속 넣으면 언제 터질지 모른다. 언젠가 고무풍선이 터지는 순간 파국적 사건이 초래될 것이다. 이 파국이 일어나지 않게 하기 위해서는 누군가 바람을 빼주어야 한다. 사랑의 마음으로 그가 화가 난 이유를 있는 그대로 수용하고 들어주는 것으로 충분하다. 이것이 바로 생명을 살리는 일이다.

자살예방이 전문가들뿐 아니라, 온 국민이 함께할 수 있는 일인 이유가 여기에 있다.

바람이 가득 든 고무풍선에
바람을 계속 넣으면 어떻게 될까.
상담이란 상대의 마음속에 있는
화를 풀어주는 것이다.
이는 전문 상담자뿐 아니라
가장 가까운 사람이 해줄 수 있는 것이다.

나무는 혼자 춤을 출 수 없다

나무는 혼자 춤을 출 수 없다. 바람과 함께여야 가능하다. 때로는 격렬하게 때로는 부드럽게 바람에 몸을 맡기면 된다. 나무와 바람은 태어날 때부터 운명처럼 만난 친구로, 동고동락하며 서로에 대한 믿음을 쌓아왔다. 나무는 바람을, 바람은 나무를 믿고 의지한다. 바람이 오지 않으면 나무는 외롭고 쓸쓸하다. 바람은 나무가 없는 공간을 지나갈 때 공허하다. 둘은 그렇게 서로에게 없어서는 안 될 존재다. 나무는 자신을 자라게 하고 꽃 피우게 하며 춤추게 하는 바람이 있어야 산다. 나무는 혼자서는 아무것도 할 수 없다.

어떻게 해야 다른 사람과 함께 춤출 수 있을까? 인간이 다른 사람의 필요를 충족해주는 방법은 여러 가지가 있다. 배고픈 사람에게 음식을 제공하고, 집이 없는 사람에게 집을 지어주고, 병든 사람에게 병을 고쳐주는 것 등 다양하다. 그러나 이런 전통적 방식의 봉사 외에 다른 사람의 이야기를 들어 주는 '경청의 봉사'라는 것도 있다.

우리는 경청이 수동적 행동이라고 생각하기 때문에 봉사라고 잘 생각하지 못하는 경향이 있다. 그러나 어려움과 고통 속에 있는 사람에게 우리가 할 수 있는 유일한 도움의 방법은 그저 들어주는 것일 수 있다.

생명의전화 전화상담이 바로 경청의 봉사다. 자원봉사 상담자들은 상담의 기본 과정과 전화상담 전문 과정을 수료하고 실습을 거친 뒤에 상담자가 된다. 그들은 생명의전화 국제협회가 정한 50시간 이상의 교육을 이수해야 한다. 생명의전화 상담자 교육은 상담 전문가들과 상담 시니어들이 투입되어 실제적 교육을 하는 것으로 잘 알려져 있다. 자원봉사 상담자 중에는 물론 전문 상담자와 교수도 있지만 대부분은 주부, 교사, 사무직, 대학원생 등으로 직종이 다양하다.

많은 내용을 교육받지만, 그중 특별히 집중적으로 훈련받는 것이 경청의 기술이다. 흔히 상담자의 역할이 내담자가 갖고 있는 문제에 해결책을 제시해주는 것이 아닐까 착각한다. 하지만 그들의 이야기를 주의 깊게 들어주는 것이 진짜 중요하다. 그들이 왜 힘든지, 마음이 어떻게 아픈지, 고통을 느끼는 이유는 무엇인지…. 상담자가 내담자의 이야기를 비판하지 않고 있는 그대로 수용하며 경청하면 내담자 스스로 문제의 해답을 찾아가는 경우가 많다. 그럴 때 정말 잘 들어주어서 고맙다는 감사의 인사를 받기도 한다.

　　다른 사람의 이야기를 경청하려면 신체적 귀보다는 마음의 귀를 가져야 한다. 경청한다는 것은 다른 사람에게 자신을 개방해 보이는 것일 뿐 아니라 상대의 고통과 혼란, 어려움을 마음으로 이해하는 것이다. 이는 사랑이 많은 사람에게도 쉽지 않은 일이다. 대부분은 상대의 이야기를 충분히 듣기 전에 문제를 해결해주려 하며 충고하고 가르치려 한다.

　　그들 나름대로 사랑을 표현하는 방법일 수 있지만, 경청의 봉사에서 이는 좋은 태도가 아니다. 사람들이 원하는 것은 충고가 아니라 자신의 어려움과 고통을 들어주고 이해해줄 누군가다.

가령 사랑하는 사람을 상실한 사람에게 우리가 해줄 수 있는 것은 아무것도 없다. 그의 슬픔을 덜어주기 위한 어떤 노력도 도움이 되지 못하고 오히려 더 외로워질 수 있다. 노력할수록 누구에게도 자신의 감정을 진정으로 이해받지 못한다는 사실을 확인시켜줄 뿐이다. 유일하게 도움이 되는 것은 바로 경청, 즉 슬픔을 당한 친구와 조용히 고통을 함께하려는 기꺼운 마음이다.

경청은 우리가 생각하는 것보다 훨씬 어려운 일이다. 이를테면 비판적 경청의 위험에 빠질 가능성이 크다. 도덕적 잣대를 들이대는 비판적 경청은 상대를 당혹스럽게 한다. 특히 도덕적으로 바른 삶을 살아온 인격자들의 경우 도덕적 판단을 유보하는 일이 어려울 수 있다. 하지만 그러다 보면 상대의 내적 창조의 샘이 솟아나지 못할 수 있다. 비판적 경청자는 상대를 메마르게 만든다.

한편 상대가 이야기하면 건성으로 듣고 대답하는 수동적 경청도 바람직하지 않다. 비판적 경청과 수동적 경청 모두 상대에게 관심과 존중을 표현할 수 없다.

우리가 유일하게 할 수 있는 것, 또 해야만 하는 것이 바로 적극적 경청이다. 적극적 경청은 상대가 좋든 싫든, 잘했든 잘못했든 상관없이 마음으로 듣고 이해하는 것이다. 적극적 경청은 상대가 가장 절박한 상황에서조차 그가 있는 그대로의 자신이 되도록 한다. 어떤 좋은 교훈과 충고, 도덕적 판단도 자제하고 상대의 고통을 그저 들어줄 때 그는 우리가 바로 자신을 위해주는 사람이며 진정으로 돌봐주는 사람이라는 것을 알게 된다.

올바른 경청을 위해 내가 하는 일이 있다. 조용한 마음으로 하루하루를 살아가면서, 나는 이따금 나 자신에게 이렇게 주문을 내린다.

> "자, 이제 친구가 나에게 말한다. 나는 조용히 해야 한다. 시간은 무한정 있다. 그저 듣는 것이 나의 임무니까 조용히 듣자."

그런 다음 내 속에 있는 자기주장을 끄집어내서 버린다.

우리는 종종 자기주장을 해야 한다는 강박을 느낀다. 말하지 않고 듣기만 하면 스스로 사회적으로 아무 가치 없는 존재라는 생각이 들기 쉽기 때문이다. 그러나 그야말로 상대를 긴장하게 하는 행동임을 알 필요가 있다.

그저 가만히 듣다 보면 어느새 상대가 말하려고 하는 내용뿐 아니라 그가 느끼는 여러 감정도 이해하게 된다. 이는 말하는 사람과 듣는 사람 모두에게 좋은 일이다. 당신은 살아 있다는 것을 깊이 느끼면서 뿌듯함으로 가득 차게 될 테니 말이다.

경청하는 것, 아무 말도 하지 않는 것은 하늘이 주신 선물이다. 그것은 위대한 역할이며 상상력이 풍부한 역할이다. 그뿐 아니라 진정한 경청자는 말하는 사람보다 더 사랑받고 인기 있는 사람이며 훨씬 유능한 존재라는 사실을 알아야 한다. 경청하는 사람은 말하는 사람보다 더 많은 것을 배우고 많은 선행을 할 수 있다.

사람은 혼자 살 수 없다. 혼자서는 더 크게 자랄 수도 춤을 출 수도 없다. 함께 춤을 추어줄 사람이 필요하다. 아무 조건 없이 받아줄 누군가, 언제든 기댈 언덕이 되어줄 어떤 이가 있어야 한다. 사람은 그러한 존재가 있을 때 비로소 살아갈 힘과 용기를 얻는다.

나무는 오롯이 혼자 힘으로 굳게 서서 넓은 품을 가지게 된 것이 아니다. 바람이 나무와 함께 춤을 추었기 때문에 가능했던 것이다. 한 시간 정도 경청하며 같이 춤을 추다 보면, 상대의 격정적 마음이 가라앉는 것을 느끼게 된다.

친구가 나에게 말한다.

나는 조용히 해야 한다.

시간은 무한정 있다.

그저 듣는 것이 나의 임무니까

조용히 듣자.

모두는 각자의 방식으로 옳다

인간관계의 가장 큰 어려움은 타인을 이해하기 힘들다는 데서 온다. 전화상담을 할 때도 마찬가지다. 상담자 역시 인간인지라 모든 사람의 사연을 있는 그대로 받아들이기 어려울 때가 있다. 특히 정신과적 어려움을 겪고 있는 사람들이 전화를 걸어올 때 그들을 어떻게 이해하고 응대해야 할지 막막해지곤 한다.

한 사람이 전화를 걸어 "누군가 나를 감시하고 쫓아다니고 있다"라고 말하거나, 또 다른 사람이 "매일 밤 방에서 목소리가 들리는데 그 목소리가 나를 비난하고 위협한다"라고 이야기한다. 그럴 때 상담자는 그들의 말을 진지하게 받아들이기보다 그들의 정신상태를 의심하며 비현실적이라고 판단하기 쉽다. 그들의 이야기를 경청하고 공감하기보다 마음을 닫고 무신경한 반응으로 대응할 위험성이 있다.

대학원에서 '정신치료의 이론과 실제'라는 과목을 공부할 때, 담당 교수가 강조한 말 중 하나가 "내담자는 언제나 옳다"라는 것이었다. 처음에는 이해하기 어려웠지만, 수업을 들으며 점차 그 의미를 깨닫게 되었다. 내담자가 감시당하고 있다거나 자신을 비난하는 목소리를 듣고 있다고 말하는 것은 단순한 상상이 아니라, 그들에게는 분명하고 실제적인 사건이다. 비록 그 신념과 감각을 다른 사람이 이해할 수 없을지라도, 내담자에게는 현실의 경험인 것이다.

내담자가 "누군가 나를 감시하며 쫓아다니고 있다"라고 말할 때, 상담자가 "그런 일이 당신에게 일어나고 있다고 느낀다면 정말 힘드셨겠어요"라고 공감하면, 내담자는 자신이 무시당하지 않는다는 안도감을 느끼며 대화가 조금씩 풀리기 시작한다. 내담자가 "매일 밤 방에서 목소리가 들리는데, 그 목소리가 나를 비난하고 위협한다"라고 이야기할 때, 상담자는 "그 목소리 때문에 얼마나 두려우셨을

지 상상이 되네요. 이런 상황을 겪는 건 정말 힘들 것 같아요"라며 그의 감정을 인정해준다. 상담이 진행되며 내담자는 그 목소리가 자신의 감정과 불안을 투영한 것일 수 있다는 점을 스스로 이해한다.

　내담자의 세계를 이해하려고 노력하는 것은 단순히 그들의 말을 사실로 받아들이거나 맞장구치는 것이 아니다. 그보다는 내담자의 주관적 경험이 그들에게는 너무도 진실하다는 점을 인정하면서 그들과 관계를 형성하고 치료의 실마리를 찾는 과정이다.
　우리가 이해하기 어렵다고 느껴 외면하거나 배제하는 내담자의 증상은 사실 그들이 각자의 현실에 적응해온 방식, 즉 '적응증'으로 볼 수 있다. 정신과적 문제를 가진 사람의 증상이 그들의 적응증이라는 관점은 나에게 깊은 울림을 주었다. 적응증이란 내담자가 환경과 상황에 대응하기 위해 나타내는 정신적 증상이나 행동을 의미한다. 내담자가 생존하기 위해 작동시키는 일종의 대응 메커니즘으로, 환경과 상황의 변화 속에서 개인이 정신적·감정적·사회적 수용력을 조정하려는 노력의 결과다. 적응 메커니즘이 특정 행동으로 드러나는 것을 이해하는 일은 치료의 중요한 출발점이다.

SBS 드라마〈괜찮아, 사랑이야〉에는 욕실에서만 잠을 잘 수 있는 인물이 등장한다. 그는 과거에 겪었던 외상적 사건으로 욕실이라는 한정된 공간에서만 심리적 안정감을 느낀다. 이해하기 힘들다고 생각할 수 있지만, 우리가 스트레스를 받는 상황에서 손톱을 뜯거나 다리를 떨며 긴장과 불안을 해소하려는 것과 마찬가지다. 모두 내담자가 자신의 환경과 상황에 대응하려는 시도의 결과로 해석될 수 있다.

일반적 사람에게 욕실은 불편한 공간이지만, 이 인물에게 욕실은 외부 세계에서 자신을 보호할 수 있는 '안전한 피난처'와 같다. 결국 욕실에서 잠을 자는 행동은 단순한 '이상 행동'이 아니라, 생존과 안정을 위해 적응한 결과인 것이다.

누군가 큰소리를 치거나 화를 내면 극도로 위축되거나 얼어붙는 사람이 있다. 그의 반응이 과도하다고 쉽게 생각할 수 있지만, 그가 어린 시절에 학대받은 경험이 있다는 것을 알고 나면 자신을 보호하기 위해 학습한 생존 전략이라는 사실을 이해할 수 있다. 어린 시절의 학대 상황에서는 최대한 조심하는 것이 생존에 필요한 적응 행동이었으며, 지금도 무의식적으로 그 패턴을 이어가는 것이다.

얼핏 비합리적으로 보이는 행동도 특정한 삶의 맥락 안에서는 충분히 합리적이고 당연한 결과일 수 있다. 이와 같은 적응 행동을 단순히 '잘못되었다'라고 평가하기보다는, 그들이 어떤 상황에서 무슨 방식으로 자신을 보호하고 대응해왔는지를 이해해야 한다. 이것이 내담자와 신뢰 관계를 구축하고, 그들의 고통을 완화하는 첫걸음이다.

사실 우울증이나 조현병과 같은 정신과적 문제는 절대 단순하지 않으며, 일반 상담만으로는 해결하기 어렵다. 상담을 공부하는 과정에서 정신질환의 원인과 치료 방법을 배우지만, 실제 치료는 주로 정신건강의학과 의사의 역할이다.

그럼에도 정신질환을 겪는 이들에게 주변 사람과 상담자의 역할은 매우 중요하다. 가장 기본적인 역할은 그들의 경험과 감정을 존중하고 이해하는 태도를 보이는 것이다. 그들이 겪는 고통이나 어려움을 인정하고, 그것이 단순한 '기분 문제'가 아닌 실제적 문제라는 점을 인식하는 것이 시작이다.

그들이 특정 행동으로 자신을 보호하려고 했다는 사실을 이해하고 공감하는 것만으로 심리적 안정감을 제공할 수 있다. 이러한 안정감은 더 적응적 행동 방식을 개발하거나 치료를 적극적으로 받아들이도록 돕는다. 상담과 치료는 전문가의 몫이지만, 치료를 시작하고 지속하는 과정에서 동료나 가족의 지지와 격려는 큰 힘이 된다. 특히 초기 단계에서 낙인이나 두려움 때문에 치료를 꺼리는 경우가 많으므로, 안전하게 치료받을 수 있다는 느낌을 주는 것이 매우 중요하다.

단순히 곁에 있어주고 그들이 필요로 할 때 들어주는 것만으로 큰 위로가 된다. 정신질환을 겪는 사람들은 종종 고립감을 느끼기 때문에, 관계 속에서 인간적 연결 고리를 찾는 것 자체가 회복의 중요한 기반이 될 수 있다.

누구나 자신과 타인, 세상을 바라보는 내적준거 틀이 있다. 이 틀은 어려서부터 각자 처한 환경 속에서 발달해온 것이다. 사람들이 자기만의 틀을 가지고 세상을 바라본다면 끝내 서로 이해할 수 없을 것이다. 파란 안경을 낀 사람은 세상을 파랗다고 말하고, 빨간 안경을 낀 사람은 세상을 빨갛다고 말하며 자기가 보는 세상만 옳다고 주장하면 불신과 갈등과 싸움이 일어날 수밖에 없다. 그러므로 잠시 내 틀을 내려놓고 상대의 틀 안에 들어가 그를 이해해보는 것이 중요하다.

오늘 그 사람의 모습은 그가 자기 방식대로 적응해온 결과다. 긍정적으로 느껴지든 부정적으로 느껴지든, 그렇게 적응해왔다고 생각하면 그가 좀 더 가깝게 느껴진다. "내담자는 언제나 옳다"라는 말은 상대를 평가하고 비판하기보다는 한 번이라도 상대의 입장에 서보라는 의미였다.

내담자는 언제나 옳다.
오늘 그 사람의 모습은
자기 방식대로 적응해온 결과다.
그 사람의 삶의 맥락 안에서는
충분히 합리적이고 당연한 일이다.

공
감
과

존
중

호모 엠파티쿠스, 공감하는 인간

한 통의 전화가 무엇을 할 수 있을까. 전화상담은 일회성인 경우가 대부분이기 때문에 전화자의 성격을 재구조화하기 어렵다. 재구조화란 기존 성격을 제거하는 것이 아니라 유연하고 적응적인 성격 구조를 만드는 일로, 장기적 노력과 반복 학습이 필요하다. 그렇기에 전화상담이 아닌 심리치료의 영역이라 할 수 있다.

하지만 한편으로 전화상담은 익명성의 특징이 있으므로 아무에게도 말하지 못했던 고민을 털어놓기 쉽다. 다시 볼 사람에게는 선뜻 터놓기 힘든 이야기를 마음 놓고 꺼낼 수 있다. 전화자는 상담자를 믿고 비밀스럽고 어두운 이야기를 털어놓는다. 상담자는 전화자의 이야기를 들을 수 있는 특권을 얻는다.

그러므로 전화상담의 목표는 그가 겪고 있는 삶의 위기를 무사히 지나가게 해주는 것이다. 전화기 너머의 사람 중에는 혼자라고 느끼는 이들이 많다. 그들은 단절되고 분열된 사회에서 외로움과 고립감을 느끼고 있다. 아무런 비판 없이 들어주고 이해해줄 때 그는 위로와 힘을 얻는다. 전화상담은 실핏줄처럼 연결된 전화선을 통해 보살핌의 공동체를 만드는 역할을 한다.

가족과 직장 문제를 나에게 메일로 상담해온 한 청년이 있었다. 그는 가족의 생계를 책임지느라 저축할 수도 없고 미래를 꿈꿀 수도 없었다. 직장에서도 다른 사람과 관계를 맺기 힘들고 일에서도 비전이 보이지 않았다. 그가 메일을 보낸 것은 내가 생계와 직장 문제를 해결해주길 바라서가 아니었다. 그는 "누군가 한 명이라도, 대충이라도 좋으니 딱 한 명만 나에 대해 조금만 공감해주었으면 좋겠어요"라고 절규했다. 이 청년을 진짜로 괴롭게 한 것은, 가족과 회사 중 그 누구도 이 청년에게 공감해주지 않는다는 사실이었다.

공감이 필요한 사람이 어디 이 청년뿐일까. 공감은 사람이라면 누구나 필요로 하는, 사람을 살아가게 하는 것이다. 공감은 '타인의 입장이 되어 그의 눈으로 사물을 보고 그의 처지에서 그가 생각하고 느끼는 것과 꼭 같이 생각하고 느끼는 것'을 의미한다. 미국의 심리학자 제럴드 코리Gerald Corey는 공감은 심리적 산소를 제공하는 것이라고 했다. 공감받지 못할 때 우리는 단절감과 함께 질식할 것 같다고 느낀다.

공감은 심리적 산소와도 같다. 공감이 있어야만 우리는 사람들과의 관계에서 자유롭게 숨을 쉴 수 있다. 공감은 삶에 있어 선택사항이 아니라, 인간에게 없어서는 안 될 필수 불가결한 요소다.

생명의전화 전화상담자 양성 교육도 공감 능력을 키우는 데 중점을 두고 있다. 공감 능력을 키우기 위해 가장 필요한 것이 경청 훈련이다. 경청과 공감은 실과 바늘 같은 관계로, 잘 듣지 않으면 마음을 나눌 수 없다.

먼저 상담 교육생을 두 명씩 짝지어, 1개월 안에 겪었던 가장 속상하거나 힘든 일을 이야기하도록 한다. A가 5분

동안 최근 회사에서 상사와의 갈등으로 인해 큰 스트레스를 받았던 일을 이야기한다. "지난달에 상사가 제가 기획한 프로젝트를 다른 동료에게 넘겼어요. 제가 얼마나 열심히 준비했는지 알면서 아무런 설명도 없이 그렇게 하니까 정말 화가 나고 억울했어요." B는 비판하거나 조언하려 하지 않고 A의 이야기에 집중하며 경청한다. 그리고 A의 이야기에 담긴 감정을 느끼고 이를 표현한다. "상사가 아무런 설명 없이 그렇게 했다니, 아주 억울하고 속상했겠어요. 정말 힘들었을 것 같아요."

그리고 역할을 바꾸어 이번에는 B가 가족 모임에서 자신의 의견이 무시당했던 경험을 말한다. A는 같은 방식으로 B의 감정을 느끼고 표현해준다. "가족들이 선생님의 의견을 무시하고 농담처럼 여겼을 때 서운하기도 하고 외롭게 느꼈겠어요."

마지막으로 A와 B는 서로 정확히 공감해주었는지, 공감을 받았을 때 느낌이 어땠는지 공유한다. "제 감정을 정확하게 이해하고 표현해주니까 억울했던 마음이 조금 풀리는 느낌이에요." "제 감정을 이해하니 정말 위로가 되었어요." "속상했던 마음이 조금 가벼워진 느낌이에요." 이 같은 이야기가 주로 나온다.

이 역할극에서 공감은 두 가지 차원으로 이뤄진다. 하나는 감수성 차원이고 다른 하나는 의사소통 차원이다. 감수성 차원은 상대의 이야기를 잘 듣고 그의 감정을 느껴보는 것이고, 의사소통 차원은 그가 느낀 감정을 상대에게 표현해주는 것이다. 이 두 가지가 모두 이루어질 때 우리는 비로소 공감을 받는다고 느낀다. 반면, 마음으로 느끼기는 하는데 제대로 표현하지 못하거나, 상대의 감정을 제대로 느낄 생각 없이 자신의 생각만 표현할 때 우리는 공감받지 못한다고 느낀다.

고려대학교 심리학부 한성열 명예교수는《이제는 나로 살아야 한다》에서 사람이 대화하는 방식을 사리대화事理對話와 심정대화心情對話로 나누어 설명한다. 사리대화는 논리적이고 객관적인 정보를 나누는 대화를, 심정대화는 상대의 감정과 마음 상태를 표현하거나 공유하는 대화를 말한다. 상담에서는 사리대화보다 심정대화가 더 유용하다. 정신적·경제적·관계적으로 어려움을 겪는 사람들에게 당장 해결책을 주기는 힘들다. 하지만 얼마나 힘든지 알아주는 따뜻한 공감의 말 한마디가 그들에게 다시 일어날 용기와 희망을 줄 수 있다.

세계적 경제학자이자 사회사상가인 제러미 리프킨Jeremy Rifkin은 《공감의 시대》에서 호모 엠파티쿠스homo empathicus, 즉 공감하는 인간에 대해 이야기한다. 그는 기술의 발전으로 인간관계의 범위가 넓어지면서 전 세계가 벽을 넘어 공감하는 시대가 올 것이라고 했다. 적자생존과 부의 집중을 초래한 경제 패러다임은 끝나고, 오픈 소스open source와 협력이 이끄는 3차 산업혁명의 시대에 접어들었다. 앞으로 다가오는 시대는 경쟁 문명에서 공감 문명으로 변화해야 하며, 공감하는 인간만이 새로운 문명의 중심에 설 수 있다.

신체적 영양 공급은 많이 개선되었지만 필수 영양소인 공감의 절대적 결핍으로 생명이 병들어 죽어가고 있다. 공감은 단절과 비정의 위기 속에서 죽어가는 생명을 소생시키는 특효약이다. 적자생존의 경쟁적 논리로 국가의 정책을 만들고 집행한다면 그 국가는 곧 병들어 힘을 잃을 것이다. 국민에게 공감 영양소를 제때 공급해주지 못하는 국가에는 희망이 없다. 어떤 문제로 힘들어하고 고통을 받고 있는지 공감하면서 배려할 때, 국민도 용기와 희망을 잃지 않을 것이다.

전화기 너머의 사람 중에는
혼자라고 느끼는 이들이 많다.
공감받지 못할 때 우리는
질식할 것 같다고 느낀다.
한 통의 전화는 공감이라는
심리적 산소를 제공한다.

우리의 두 눈은 자기 밖을 본다

생명의전화는 매년 상담자 교육을 한다. 인간 이해, 상담의 이론과 실제, 가족상담, 정신건강상담, 자살위기상담, 전화상담 등 다양한 교육을 받는데, 집단상담은 주로 저녁을 함께 보내며 1박 2일로 진행되는 프로그램이다.

집단상담의 주된 내용은 자신의 인생 곡선lifeline을 그리고 함께 이야기하는 것이다. 교육생들은 소그룹으로 나뉘어 촉진자인 지도자의 인도로 인생 곡선을 공개한다.

인생 곡선을 그리는 방법은 간단하다. 먼저 도화지를 반으로 접는다. 도화지 한가운데 생긴 줄을 따라 선을 긋는다. 태어나서 지금까지 기쁘고 행복했던 순간은 선 위에,

슬프고 불행했던 순간은 선 아래에 점으로 표시한다. 이 점을 연결하면 나만의 인생 곡선이 만들어진다.

교육생들은 인생 곡선을 다른 그룹원에게 보여주면서 자신의 이야기를 털어놓는다. 슬프고 불행했던 이야기를 할 때는 눈시울을 붉힌다. 그리고 그 시련의 시간을 극복하고 기쁨과 행복의 순간이 찾아올 때는 모두가 감동한다.

모든 과정에서 그룹원들은 서로 비판하지 않고 있는 그대로 수용하며 긍정적 피드백을 준다. 밤새 한 바퀴를 돌아 전체 그룹원의 이야기를 들으면 어려운 가운데도 지금까지 잘 살기 위해 애썼던 그들의 모습이 대단하고 존중받아 마땅하다는 생각이 든다. 나만 인생의 어려움이 있었던 것이 아니라는 사실에 위로받는다. 무엇보다 서로 존중받는 경험을 통해 모두가 치유되고 성장하는 경험을 한다.

존중을 뜻하는 영어 단어는 'respect'로, 're(다시)'와 'specere(바라보다)'의 합성어다. 그러므로 존중이란 상대를 자주 보아주는 것이다. 누군가가 나를 보아주고 깊이 숙고해주고 살펴주는 것은 얼마나 감사한 일인가. 나를 있는 그대로 보아주고 나의 단점에도 불구하고 나의 잠재력을 믿어주고 그 잠재력이 실현하도록 도와주는 사람과는 서로 긴밀한 관계를 맺을 수 있다.

연인 간에 사랑한다고 표현하는 것도 물론 소중하지만, 그보다 더 중요한 것은 서로 잠재력을 발견하도록 도와주는 일이다. 그가 그 사람이 되도록 도와주는 것만큼 큰 사랑이 어디에 있을까. 연인이 서로 헤어지지 않는 방법은 각자가 지닌 잠재력을 실현하도록 하는 것이다.

존중은 언제나 수용과 함께 간다. 수용은 어떤 비판이나 충고 없이 상대를 있는 그대로 받아주는 것을 말한다. 어려서부터 어떤 행동을 하느냐에 따라 칭찬받거나 벌받으며 자라온 우리는 조건화된 삶의 태도를 지니고 있다. 그래서 너무 쉽게 각자가 가진 잣대로 상대를 평가하곤 한다. 그 사람의 긍정적 측면뿐 아니라 부정적 측면을 수용하여 하나의 전체로 받아들이는 것은 쉽지 않은 일이다.

돌이켜 보면 나는 삶의 여정에서 나를 존중해주는 사람을 많이 만났다. 그래서 내성적이고 자신감 없으며 우유부단한 성격을 가졌던 내가 한 기관의 지도자로, 사회에 영향을 주는 사람으로 성장할 수 있었던 것 같다.

우리의 두 눈은 항상 밖을 향하기에, 누구도 자기 자신을 보지 못한다. 거울을 통해서 보지 않는 한 자기 얼굴에 무엇이 묻었는지조차 잘 모른다. 사람은 자기 밖의 사람들, 자연과 우주와 신을 바라보는 존재다. 이것이 우리가 세상을 향해 항상 열려 있어야 하는 이유다.

언젠가 대학원 강의 시간에 학생들에게 가장 존경하는 사람이 누구냐고 질문한 적이 있다. 한 학생은 아프리카의 성자 슈바이처 박사를 이야기했고, 다른 학생은 가난한 사람들의 어머니인 마더 테레사라고 했다. 마하트마 간디, 마틴 루서 킹 목사, 이태석 신부, 예수와 부처 등 다양한 이름이 등장했다. 학생들이 언급한 사람들에게는 어떠한 공통점이 있을까.

이들은 자기만을 위해 살지 않았다. 모두 가난하고 억눌리고 고통받는 사람들을 위해 자신을 희생했다. 이들의 두 눈은 자기 자신의 안위를 향해 있지 않았다. 욕심을 내려놓고 곤경에 처한 사람들을 위한 삶을 살았고, 자기를 넘어서서 일체감을 가지고 타인을 대했다. 그들의 자기희생적 삶의 모습은 인간으로서 어떻게 살아가야 하는지의 본보기가 되었다.

이렇게 자기를 초월해서 다른 이를 위해 살아가는 일은 특별한 사람들만 할 수 있는 것이라고 생각하기 쉽다. 그렇지만 주변에 조금만 눈길을 돌려도 그렇지 않다는 사실을 알 수 있다. 연인이 서로를 향해 표현하는 사랑, 부모의 희생, 수많은 자원봉사자의 헌신 속에서 우리는 타인을 향해 열려 있는 마음을 본다.

우리는 다른 사람을 지향할 때만 의미를 찾을 수 있다. 흔히 말하는 사랑과 평화, 정의 같은 단어들 또한 다른 사람들을 가리키고 있다. 다른 사람을 향하지 못하거나 차단될 때 우리는 고립되고 외로워지고 공허해진다. 자기중심성 속에서 이루어지는 만남은 진정한 만남이 되지 못한다. 참된 만남은 항상 공존의 형식을 나타낸다. 상대를 향해 손을 내밀고 함께 살고자 할 때 그 속에서 의미가 생겨난다.

빅터 프랭클은 강제수용소 같은 처참한 환경에서도 자기를 초월해서 다른 사람들을 위한 삶을 살 수 있다고 증언했다. 강제수용소에서는 수백 명의 사람이 똑같이 비참한 처지에 있었다. 그들은 자유와 음식, 기본적 생필품을 빼앗겼다. 흔히 이런 상황에서는 모두가 생존을 위해 동물처럼 싸울 것으로 생각한다.

그러나 프랭클은 그렇지 않은 실례를 목격했다. 사람들은 서로 무관심해지거나 과민반응 하지 않도록 관리해주었고, 동료를 위해 좋은 말을 해주었으며, 마지막 남은 빵 조각을 나누어주면서 수용소 안을 돌아다닌 이도 있었다. 한 젊은 의사는 수용소에서 사람들이 침상에 누웠을 때 그들의 관심 주제에 대해 매일 짧은 연설을 해주기도 했다.

지상에서 달릴 때 비행기는 자동차와 똑같이 움직인다. 그러나 3차원의 공간으로 이륙하는 순간 비행기와 자동차 사이에는 큰 차이가 생긴다. 비행기는 하늘을 날 때 비로소 비행기가 된다. 같은 의미로 인간은 동물이지만, 자신을 넘어 타인에게 다가가는 순간 다른 차원으로 끌어올려져 비로소 인간이 된다. 참된 인간이 되기 위해서는 자기중심성을 벗어나서 타인을 향해 열린 자세를 가져야 한다. 우리가 의미 있게 살 수 있는 길은 다른 사람을 향해 따뜻한 눈길을 보내는 것이다.

respect(존중) = re(다시) + specere(바라보다)

존중이란 상대를 자주 보아주는 것이다.

비행기는 이륙하는 순간

비행기가 된다.

인간은 다른 사람을 바라볼 때

비로소 인간이 된다.

온전한 나 자신으로 다가가기

취업 준비생이었던 그녀는 마음의 문을 굳게 닫고 스스로 그 속에 갇혀 있었다.

> "자주 환청이 들려서 너무 힘들어요. 공부에 집중도 안 돼
> 요. 아무리 노력해도 변화가 없어요. 그냥 포기하고 싶어
> 요. 저는 기독교 신자라 신앙생활을 통해 의미를 찾았었는
> 데, 지금은 목사님의 설교도, 교인들이 하는 말도 믿지 못
> 하겠어요. 가족들은 내 마음을 몰라요. 저에겐 전혀 도움이
> 안 돼요. 인터넷이나 뉴스에 정신과 환자에 대한 말이 나올
> 때마다 저는 정말 동굴에 들어가 숨고 싶어요. 이런 제 자

신이 부끄러워요. 지금 치료를 받는 있지만, 앞으로도 좋아지지 않을 거예요. 나을 것이라는 믿음도 희망도 없다 보니 살아야 할 이유도 없네요."

나는 그녀를 마음의 감옥에서 구출해주고 싶었다. 밖에서는 도저히 들어갈 수 없고, 안에서 문을 열어야만 그녀의 마음에 들어갈 수 있을 것이다. 어떻게 얼어붙은 마음의 빗장을 녹일 수 있을까. 어떻게 겹겹이 쌓인 상처로 인해 생긴 불신의 벽을 무너뜨릴 수 있을까.

대학원에서 상담심리학을 공부하며 내가 알게 된 것은, 상담자의 진정성이 상담에 있어서 매우 중요한 요인 중 하나라는 사실이다. 상담 기술을 터득해 적용하는 것에 앞서 솔직하고 진정성 있는 사람이 되어야 했다. 아무리 훌륭한 상담 기술을 가지고 있어도 진정성이 부족하면 내담자는 그것을 바로 알아차리고 마음을 열지 않으려 할 것이기 때문이다. 사람이라면 누구나 진정성을 인지하고 감지하는 능력을 지니고 있다. 진정성이 부족한 상담자의 거짓되고 의도적인 행위는 곧 드러나고, 내담자는 상담에 협력하지 않으려 할 것이다.

상담에 있어 진정성이란 상대에게 진심으로 관심과 흥미를 갖고, 순수하고 투명하게 자신을 열어 보이려는 자세를 말한다. 상담자가 개방적으로 자신의 느낌을 내보이고 거짓 없이 솔직하게 자신을 드러내면 내담자는 믿고 의지할 수 있다고 생각할 것이다.

진정성과 유사한 말에는 성실성이나 일치성, 신뢰성 같은 용어가 있다. 성실성은 상담자가 내담자에게 온 정성을 다하여 관심을 기울이고 그의 세계에 모든 힘을 다하여 몰입하는 것이다. 일치성은 상담자 내면의 느낌과 외부 표현을 같게 만드는 것으로, 겉과 속을 조화롭게 하나로 통합하는 것을 말한다. 속으로는 상대에게 화가 나는데 겉으로는 지나치게 친절한 모습을 보인다면 겉과 속이 일치하지 않는 것이다. 상담자가 이러한 태도로 일관하면 내담자의 신뢰를 얻을 수 없다. 신뢰성은 상담자의 성실성과 일치성에서 나오는 것으로, 그 자체가 내담자의 변화를 위한 도구다.

항상 가면 뒤에 숨어 있는 것 같은 사람, 연기를 하는 것 같은 사람, 느끼지도 않은 것을 말하는 사람들이 있다. 불

일치함을 보여주는 사람들에게 자신을 깊이 있게 드러내기는 쉽지 않다. 한편으로 우리는 신뢰할 수 있는 사람들, 허례허식이나 전문가의 가면으로 무장한 것이 아니라 진정한 자신으로서 우리를 대하는 이들도 알고 있다. 우리는 실생활에서도 본능적으로 일치성을 갖고 있는 사람과 더 깊은 관계를 맺고 싶어 한다. 상담자가 관계 속에서 더 순수하고 일치할수록 내담자에게서 성격 변화가 일어날 가능성은 커진다.

나의 부모님은 시골에서 평생 농사를 지으며 살았다. 당신들은 교육을 많이 받지 못했지만, 자식들 교육에는 진심이었다. 부모님이 가훈처럼 강조했던 말은 항상 진실해야 한다는 것이었다. 다른 사람을 속이거나 피해를 주지 말고 정직하게 살아야 한다고 했다. 그들이 봄에 씨를 뿌리고 여름 내내 열심히 땀 흘려 일하면 반드시 가을에 많은 열매를 맺을 수 있었던 것처럼.

거짓말을 하면 어머니에게 혼이 났기에, 성인이 되어서도 진실하지 못할 때 양심의 가책을 느끼곤 했다. 겉과 속의 생각과 느낌이 일치해야 한다고 스스로 생각하기 때문인지, 사람들은 나를 성실하고 진실한 사람이라고 평가하는 것 같다. 지금까지 그래도 사람들과 좋은 관계를 맺으며 살게 된 것은 어린 시절 부모님에게 배운 진정성 있는 삶의 태도 덕분이 아닐까 생각해본다.

> "더 나아질 희망 없이 무기력한 당신을 보니 제 마음도 답답하고 무력해지는군요. 원치 않은 환청이 들리니 공부에 집중도 안 되고 자기 모습이 부끄럽게 느껴지는 것 같네요. 지금은 종교도, 가족도, 치료도 당신에게 아무 도움이 되지 않는군요. 그러면 정말 모든 것을 포기하고 싶은 마음이 들 겁니다. 그런데 당신은 환청 말고 다른 것을 생각해보신 적이 있나요."

나는 그녀의 이야기를 있는 그대로 받아주면서 솔직한 마음을 전하려고 했다. 먼저 그녀에겐 무엇보다 꾸준한 치료가 중요하다. 그다음으로는 아무 편견 없이 이야기를 들어줄 사람이 필요하다. 누군가가 끝까지 포기하지 않고 관심을 보이면 마음의 빗장을 조금이나마 열어줄 것이다.

지금 그녀는 자기 안의 증상에 지나치게 주의를 기울이

고 있다. 그리고 그것이 자기 모습이라고 생각하는 것 같다. 그녀를 위한 처방은 한 발짝만 밖으로 나와서 높고 푸른 가을 하늘을 바라보는 것이다. 그리고 자기 생의 임무를 다하고 아름답게 내려앉는 낙엽을 바라보는 것이다. 그녀는 자기를 넘어 다른 것을 바라볼 수 있다. 그녀는 결코 환청이란 증상의 무력한 희생자는 아니다. 그녀에게는 분명 자기 증상에 도전할 수 있는 정신적 힘이 있다. 그리고 그것은 누군가 진정성 있게 다가갈 때만 발휘될 것이다.

담 안에서 내민 손

우리가 살아가는 데 담이 아무 문제가 되지 않는다면, 그것은 우리가 담 안과 밖을 자유롭게 오갈 수 있는 특권을 갖고 있기 때문이다. 이때 담은 우리를 보호하고 지켜주는 역할을 한다.

그러나 한 번 담 안에 들어가면 오랜 시간 나올 수 없는 사람들이 있다. 대표적으로 사회에서 잘못을 저지른 사람들이다. 그들은 높은 담에 둘러싸이고 철창에 갇혀 안에서 밖으로 나올 수 없는 벌을 받고 있다. 매일 들락거리던 문을 열고 안팎을 오갈 수 없으니 얼마나 답답할까. 담 안에서는 만나고 싶은 사람을 만날 수 없고, 가고 싶은 곳에 갈 수 없고, 먹고 싶은 것을 먹을 수 없다. 오직 정해놓은 규정대로 자고 먹고 만나야 한다. 당연히 밖에 나가고 싶을 것이다.

그는 지금 담 안에 있다.

"오랫동안 교도소에 있으며 저를 찾아오는 사람은 한 명도 없었어요. 물론 담 밖에 나가도 반갑게 만날 사람이 없기는 해요. 이 작은 공간에 있으니 자신이 더 왜소하고 무력하게만 보여요. 저는 마치 철창에 갇혀 하늘을 날 수 없는 새 같아요. 저는 사회의 낙오자가 아닐까요? 매일 밤 작은 공간에서 여러 사람이 포개져 잠을 잘 때면 더 그런 생각이 들어요. 이제 저는 쓸모없는 인간인 것 같아요. 미운 오리 새끼같이 세상에 짐만 될 바에는 차라리 죽는 것이 낫겠어요."

그는 언젠가 철창이 열린다 해도 날지 못하고 그곳에 웅크린 채 앉아 있을 것 같다고 했다. 그는 깊은 무력감에 빠져 있었다.

"어느 날 이런 꿈을 꾸었어요. 갑자기 검은 구름이 몰려왔어요. 하늘이 암흑처럼 변하고 저는 다른 생각을 할 수 없었어요. 그런데 혼돈 속에 터널이 보였지요. 저는 끝이 보이지 않는 터널 속으로 들어가고 있었어요. 가면 갈수록 더 컴컴해져 무서웠어요. 그 순간 자신도 모르게 발걸음을 멈추었어요. 무슨 일인지 몰라도 돌아가야겠다는 마음이 들었어요."

그는 담 안에서 살려달라고 소리치며 손을 내밀었다. 그런데 누가 그의 손을 잡아줄 것인가?

생명의전화는 2017년부터 법무부 교정국의 심리치료과와 협약을 맺고 교정상담을 시작했다. 현재 53개 교정 시설에 복역하고 있는 수용자들 중 자살위험이 높은 이들을 상담하고 있다. 시설의 특수성 때문에 예약제로, 1회 30분씩 월요일에서 금요일까지 상담을 한다.

처음에는 사회에서 큰 범죄를 저지르고 교정 시설에 들어간 사람들의 전화를 받는 것이 가능할지 염려가 되었던 것이 사실이다. 하지만 수용자들의 전화를 받으며 그들이 얼마나 절실하게 수용과 공감을 필요로 하는지 느낄 수 있었다. 상담자가 수용자들을 비난하거나 비판하지 않고, 한 인간으로서 그들을 존중하며 그들의 이야기를 공감적으로 들어주면 그들은 사람답게 살고 싶다는 희망을 품는다. 이 희망은 수용 생활을 잘 마칠 힘이 되고, 사회에 돌아가 어떻게 살아갈지 꿈을 꿀 계기가 된다.

모든 사람은 존중받고 공감받기를 원한다. 담 안에 있는 사람들 또한 마찬가지다. 그러나 우리 사회는 그들이 복역을 마치고 나왔을 때 사회적 냉대와 편견으로 또다시 그들을 담 안으로 몰아넣곤 한다. 물론 피해자를 생각하면 쉽게 마음을 열기가 어려운 일이 맞지만, 그렇다고 악순환을 방치할 수는 없는 일이다. 우리 사회는 그들을 다정한 친구처럼 따뜻한 시선으로 품어야 한다. 그들에게 새 삶을 시작할 환경을 조성해주어야 그들은 비로소 건강한 사회 구성원으로 살아갈 것이다.

물리적 교정 시설만 담이 되는 것은 아니다. 마음의 문을 닫고 사는 사람들이 점점 많아지고 있다. 〈2024년 청년의 삶 실태조사〉 결과 발표에 따르면 세상과 단절되어 거의 집에만 있는 고립·은둔 청년이 5.2퍼센트에 달한다. 이들은 분명 문이 열려 있음에도 불구하고 스스로 마음의 담에 갇혀 나오지 못하고 있다.

그녀는 고등학교 2학년이었다. 중학교 3학년 때 발병한 우울증으로 정신과 치료를 받으며 약물치료를 이어왔지만 큰 호전은 없었다. 그녀도 가족 모두 지쳐가고 있었고, 점점 주변 사람들과도 멀어졌다. 그녀는 힘들다는 말을 하지 못한 채 스스로 고립된 느낌을 받았다. 약 복용을 중단하고 모든 것을 포기하고 싶은 마음이 들었다.

원래 그녀에게는 비슷한 고민을 나누며 서로 의지하는 친구들이 있었다. 힘들 때마다 마음을 털어놓으면 친구들이 그녀를 위로해주었다. 그러나 시간이 지나면서 친구들 역시 스스로의 문제로 지쳐갔고, 그녀의 이야기를 듣는 것을 어려워했다. 그녀는 친구들에게조차 힘들다는 말을 꺼낼 수 없었고, 자신이 짐이 되는 것 같은 죄책감을 느꼈다.

그녀는 지금 잿빛 늪에 빠져 있다. 혼자서는 늪에서 빠져나오기 어렵다. 아마 발버둥 칠수록 더 깊이 빠져들 것이다. 치료를 중단하지 말고 계속 이어가는 것이 가장 중요하지만, 역시 그녀의 손을 잡아줄 누군가가 필요하다.

부모나 다른 가족은 답답한 마음에 충고하거나 책망할

수 있다. 선생님은 성급한 위로나 조언을 건넬 수도 있다. 하지만 그럴수록 그녀는 더 움츠러들 것이다. 비판하지 않고 그녀의 존재를 있는 그대로 존중하고 공감할 수 있는 사람만이 그녀를 마음의 담 밖으로 벗어나게 해줄 것이다.

누구나 다른 이가 건네는 손길을 필요로 한다. 그녀는 친구들과 잘 지내고 싶지만 그들에게 짐이 된다는 미안한 심정에 갇혀 있다. 그러나 친구란 기쁨뿐 아니라 어려움도 함께 나누는 존재다. 지금 친구들이 그녀에게 힘이 되어주듯 그녀 또한 언젠가 친구들에게 힘을 줄 것이다. 나 역시 청소년 시절에 꿈과 고민을 함께 나누었던 친구들이 있었다. 지금도 힘들 때마다 그들에게 전화하는 것만으로 고향에 온 것 같은 평안함을 느낀다. 나를 이해해주는 친구가 있다는 것만으로 얼마나 큰 위안과 힘이 되는지 모른다.

물리적 담이나 마음의 담 안에서 손을 내밀고 있는 사람이 무척 많다. 언젠가 우리도 그들과 같은 곳에 있지 않았던가. 그들이 내민 손을 기꺼이 잡아주면 어떨까. 훗날 당신도 누군가의 손을 잡게 될 것이므로.

잿빛 늪에서 혼자 빠져나오기는 어렵다.
발버둥 칠수록 더 깊이 빠져들 것이다.
지금, 그들의 손을
기꺼이 잡아주면 어떨까.
언젠가 당신도
누군가의 손을 잡게 될 것이므로.

무
조
건
적

사
랑

그들이 상담 봉사를 하는 이유

어느 해 여름이 한창 익어가는 날이었다. 나는 변성용 자원봉사 상담자께서 별세하셨다는 슬픈 소식을 들었다. 바쁜 직장 생활을 하면서도 한 달에 두 번 한결같이 상담 봉사를 해오신 분이었다. 생명의전화는 1976년 창립 이후 매년 한 기수씩 상담자를 배출하고 있는데, 그는 5기 자원봉사 상담자였으니 1980년부터 봉사를 해오신 것이다. 햇수로 따지면 30년 이상이었다.

선생님은 상담실에 올 때마다 "하 원장님, 수고 많지요" 하며 격려의 인사를 건네곤 하셨다. 최근 편찮으셔서 봉사를 오지 못한다는 소식은 들었다. 곧 회복되셔서 상담실에서 볼 수 있을 것이라 믿었는데 부고를 받게 된 것이다. 돌아가시기 전에 안부를 묻지 못한 것이 죄송했다. 앞으로는 상담실에서 뵙지 못한다고 생각하니 슬픔이 몰려왔다.

이제 선생님은 다시 만날 수 없는 곳으로 간 것이다. 나는 서둘러 장례식장으로 조문을 갔다. 사실 고인과 친분이 있을 뿐 유족들과는 생면부지의 사이였다. 조문을 마치고 유족들에게 생명의전화에서 왔다고 인사를 하면서 위로의 마음을 전했다. "고인께서는 생명의전화에서 오랫동안 봉사하셨습니다. 마음이 힘든 분들에게 큰 힘을 주셨습니다. 너무 훌륭한 삶을 사셨기에 분명히 좋은 곳에 가셨을 겁니다. 감사합니다."

유족들은 아버지가 생명의전화에서 상담을 한다는 말을 어릴 때부터 들었다고, 그런 아버지가 자랑스러웠다고 했다. 그런데 오늘 원장님이 오셔서 큰 위로가 되었다고 했다. 서로 이야기를 나누던 중에 둘째 따님이 가방에서 반쯤 접힌 팸플릿 같은 것 하나를 꺼내 왔다.

"아버지가 돌아가시기 며칠 전 제게 주신 생명의전화 회보예요. 맨 앞의 '나의 한 마디'라는 코너를 아버지가 쓰셨다며, 읽어보라고 하셨어요. 짧은 글이지만 생명의 소중함과 아름다움을 담고 있었어요.” 이야기하는 따님의 눈에 눈물이 글썽거렸다. 나의 눈에도, 다른 유족들의 눈에도 마찬가지였다. 그것은 어쩌면 사랑하는 딸에게 마지막으로 건넨 유언과도 같았다. 나는 장례식장에서 빛이 바랜 지난 회보를 바라보면서 마음에 어떤 전율이 느껴졌다.

상담실로 돌아오는 길에 머릿속에서 장례식장에서의 감동적 장면이 떠나지 않았다. 그러면서 생명의전화 상담 봉사에 대해 생각하게 되었다. 상담자들이 평생 봉사를 하다가 돌아가셨어도 생명의전화 측에서 해줄 수 있는 것은 아무것도 없다. 그들은 아무것도 받는 것이 없으면서도 어떻게 이토록 오랜 시간 열정을 다해 봉사할 수 있는 것일까.

생명의전화 자원봉사 상담자가 되려면 50시간 이상의 상담자 양성 교육을 이수해야 한다. 그렇게 해서 자원봉사 상담자가 되어도 어떠한 보상도 없다. 심지어 모든 교육 과정을 이수하려면 소정의 수강료를 내야 한다. 그런데 그들 중에는 오히려 감사하다고 생명의전화에 추가로 후원하는 분들도 많다.

자원봉사 상담자가 아무 조건 없이 오직 신념만으로 참

여하는 것은 그들에게 상담 봉사가 내적 보상, 즉 삶의 의미와 가치를 부여하기 때문이 아닐까 생각해본다. 자원봉사 상담자는 내담자에게 경청하고 공감해줘서 고맙다는 이야기를 들을 때가 많다. 봉사를 하다 보면 모르는 사람의 이야기를 듣기 위해 그곳에 앉아 있는 것이 얼마나 소중한 일인지 느끼게 된다.

생명의전화가 고故 변성용 선생님에게 주었던 것은 물질적이거나 외적인 보상이 아닌 삶의 의미와 가치였다. 이웃을 위해 그 자리에 있다는 것은 분명 자긍심을 느낄 만한 일이었다.

모든 것이 돈에 의해 움직이는 시대다. 자원봉사도 외적 보상이 없으면 잘 모집되지 않는다고 한다. 최소한의 보상이 주어진다고 해서 자원봉사의 정신이 위배되는 것은 아니라는 의견도 있다. 나는 이러한 이야기들이 잘못되었다고 말하고 싶지는 않다. 다만 외적 보상이 내적 동기를 떨어뜨릴 수 있다는 사실은 잊지 말았으면 한다.

자원봉사에 약간의 보상이 주어지면 처음에는 무척 고맙다고 생각한다. 그러나 시간이 지나면 너무 작게 느껴지는 것이 사람의 마음이다. 이것을 받고 할 바에는 안 받고 안 하겠다는 생각이 들 수도 있다. 생명의전화 자원봉사 상담이 지속할 수 있는 힘은 아무 보상도 받지 않고 봉사한다는 것, 누구의 간섭도 없이 자기 원리에 의해 움직인다는 것에서 온다. 무보상성과 자기 원리에 의한 봉사는 더 큰 자긍심과 삶의 의미를 갖게 한다.

빅터 프랭클은 자원봉사를 자아초월self-transcendence 행동으로 보았다. 봉사는 자신의 필요를 넘어 타인의 삶에 기여하는 경험을 제공한다. 우리는 타인과 관계 맺으며 더 넓은 공동체의 일부로 자신을 발견하고, 개인주의를 넘어서 공감과 연대감을 배우고, 더 나아가 삶의 목적과 의미를 깨달을 수 있다.

대학교에서 사회봉사 과목을 이수하거나 중·고등학교에서 봉사 시간을 채워야 하는 경우에도, 봉사를 단순히 강요된 의무가 아닌 삶의 의미를 발견할 기회로 바라보는 것이 좋다. 봉사는 단순히 시간을 채우기 위한 활동이 아닌 타인의 삶에 변화를 일으키고 자신의 존재 가치를 실현할 수 있는 특별한 경험이다.

그러므로 봉사에 있어 가장 중요한 건 스스로 의미를 발견하는 일이다. 생명의전화에서 아무 보람 없이 일해야 한다면 대부분이 한 달도 채우지 못하고 그만두지 않을까. 무의미하게 상담하거나 사회봉사를 한다면 그것보다 더 큰 형벌이 없을 것 같다는 생각을 해본다.

생명의전화는 2026년에 창립 50주년을 맞는다. 시간이 흐를수록 초창기에 봉사하셨던 분들이 하나둘 별세했다는 소식을 듣고 존경하는 자원봉사 상담자들의 장례식장에 가서 조문을 드리곤 한다. 매번 슬프지만, 생명의전화가 그들에게 의미라는 큰 인생의 선물을 드렸다고 생각하며 다소 마음의 위안을 받는다. 무엇보다 수많은 전화자가 그들로 인해 새롭게 자신을 추스르고 희망의 삶을 살아가고 있다는 사실을 잊지 않으려 한다.

어쩌면 생명의전화는 의미를 생산하는 공장과도 같다. 자원봉사 상담자들은 그곳에서 일하는 공장 직원들이다. 생명의전화에서 생산되는 의미라는 상품은 많은 사람을 위로하고 용기를 준다. 이 공장이 잘 운영될 수 있도록 하는 것이 우리의 일이다.

사람은 무엇으로 사는가

사람들이 내게 생명의전화에서 얼마나 일했는지 물어볼 때가 있다. 30년이 넘었다고 말하면 그렇게 오래되었냐며 깜짝 놀라곤 한다. 나는 왜 이곳에서 오랫동안 일했을까. 일도 많고 보수도 높지 않은데 계속 일할 수 있었던 이유는 무엇일까. 왜 나는 근무 여건이 더 나은 곳으로 이직하지 않았을까.

곰곰이 생각해보니 두 가지 이유가 있었다. 하나는 내가 믿고 있는 신의 뜻이었다. 청년 시절 그분의 뜻에 맞는 삶을 살겠다고 약속을 한 바가 있었기 때문이다. 다른 하나는 이 일을 통해서 내가 순간순간 보람과 의미를 느낄 수 있었기 때문이다. 그동안 나는 생명의전화 활동을 통해서 삶의 복잡한 문제에 빠진 사람들을 도울 수 있었다. 의미가 있었기에 어려움을 참고 큰 직업 갈등 없이 지나온 것 같다.

두 가지 이유 중 전자는 궁극적 의미ultimate meaning고 후자는 순간적 의미momentary meaning라고 할 수 있다. 빅터 프랭클 박사에 따르면, 궁극적 의미는 삶 전체를 관통하는 보편적이고 초월적인 의미다. 모든 삶과 경험을 포괄하며, 인간의 존재 이유를 찾고, 거대한 우주적 질서 안에서 자신의 위치를 탐구하는 깊은 차원에 있다.

순간적 의미는 특정 문제나 상황 속에서 발견되는 구체적이고 실질적인 의미다. 이는 매일의 행동과 선택, 경험을 통해 발견된다. 가령 우리가 누군가를 도와주거나 사랑할 때 순간적으로 느끼는 기쁨, 포기하고 싶을 정도로 어려운 상황에서 최선을 다해 극복하며 느끼는 뿌듯함 같은 것을 말한다.

궁극적 의미는 순간적 의미를 초월적 차원에서 연결하고, 순간적 의미는 궁극적 의미를 일상 속에서 실현할 수 있도록 구체화한다. 우리는 순간적 의미를 반복적으로 발견하고 실현함으로써 궁극적 의미에 다가갈 수 있다.

가령 대학원생이 밤을 새워 논문을 쓰고 있다고 하자. 그는 왜 굳이 힘든 일을 하고 있는가. 그에게 자기 인생의 사명을 이루는 여정 안에서 학문적 목표가 있다면, 그것이 궁극적 의미다. 논문을 작성하며 느끼는 작고 구체적인 성취감이 순간적 의미가 되어 궁극적 의미를 실현하도록 도와줄 것이다.

출판사에서 책을 출판하는 사람들을 예로 들어보자. 그것은 때로 고단하고 피로하며 큰 인내심이 필요한 일이다. 그러나 최선을 다해 좋은 책을 출판하면 그 순간 성취감과 보람을 느끼고 이것은 순간적 의미가 된다. 한편으로는 사랑하는 가족을 부양하고, 스스로 성장하며 많은 사람에게 좋은 책을 읽혀 건강하고 아름다운 사회를 만들고자 하는 더 큰 목표인 궁극적 의미가 있기에 어려움을 이겨낼 수 있다. 순간적으로 좌절과 고통을 느낄지언정 더 큰 목적의 일부로 이해함으로써 받아들이고 극복할 수 있다.

안타깝게도 우리 사회에서는 의미의 힘이 점점 약해지고 있다. 아무 의미 없이 마치 형벌을 견디듯 살아가는 사람들이 많다. 삶에 의미가 없다고 상담실 문을 두드리는 사람은 그래도 다행이다. 그들은 적어도 자신의 삶에서 의미를 찾아야 한다는 필요성을 알고, 상담자와 이야기하며 새로운 의미를 찾아갈 수 있기 때문이다. 그런데 안타깝게도 의미에서 소외되었다는 사실조차 모르는 사람이 많다. 사람은 의미를 추구해야 사는 존재인데 공허 속에서 방황하며 마땅히 해야 할 일을 찾지 못하고 있다.

현대 정신의학에서는 경제적 어려움이나 질병보다는 실존적 공허감 때문에 고통받는 사람들이 많다고 본다. 실존적 공허를 느끼면 사람들은 잘못된 해결책에 집착하는 경향을 보인다. 이를테면 일 중독, 소비 중독, 알코올이나 약물 의존, 과도한 쾌락 추구, 무질서한 권위에의 도전 또는 과잉행동 등과 같이 '의미에의 의지'를 억제함으로써 고통을 더 만들어내는 활동을 한다. 일 중독자는 몸이 상하는 것을 감수하면서까지 야근을 반복한다. 얼핏 성공과 성취를 통해 공허를 채우려고 노력하는 것처럼 보이지만, 실질적으로는 삶의 의미를 회피하거나 억누르는 것에 불과하다.

소비 중독과 알코올, 약물 의존도 마찬가지다. 쇼핑은 일시적 만족감을 줄 수는 있지만 근본적 공허를 해결하지 못해 결국 더 큰 불만족으로 이어진다. 정신이 혼미해질 때까지 술을 마시거나 약물을 복용하면 잠시 고통이 무감각해질 수는 있으나 장기적으로는 더 깊은 중독과 정서적·신체적 파괴로 이어진다.

게임과 소셜미디어에 과도하게 몰두하고 음식을 과다하게 섭취해 공허를 채우려는 이들도 있다. 하지만 이는 순간적 즐거움일 뿐, 진정한 의미나 목적을 제공하지 못하고 더 깊은 좌절감과 피로로 이어질 수 있다. 실존적 공허를 채우려는 이러한 무익한 노력은 우울증, 중독, 공격성으로 이어질 수 있으며 빅터 프랭클은 이것을 '대중 신경증의 3인조'라고 불렀다. 실존적 공허를 극복하는 길은 단기적 만족을 추구하는 대신, 삶에서 진정으로 의미를 발견할 수 있는 활동과 태도를 선택하는 것이다.

극한 상황에 내몰린 것도 아닌데, 안전하고 풍요로운 삶을 누리면서도 의미 없이 무료하게 살아가는 사람들이 얼마나 많은가. 프랭클은 아우슈비츠의 강제수용소로 이송되었을 때 출판하려고 했던 원고를 몰수당하고 말았다. 그런데 이 원고를 다시 써야겠다는 강렬한 열망이 수용소의 혹독한 환경에서 살아남을 수 있도록 도와주었다.

인간 행동의 가장 중요하고 기본적인 동기는 삶의 의미를 찾는 것이다. 우리 사회에서 벌어지는 자살과 우울증, 중독, 폭력, 극단적 사회 갈등과 같은 것은 대부분 삶의 공허에서 비롯된 것이라 해도 과언이 아니다. 먼저 각자가 자신에게 주어진 삶의 목적을 찾아나가야 한다. 그다음에는 길을 잃은 이가 홀로 지고 있는 무거운 짐을 함께 들어줄 수도 있을 것이다. 공허감이란 늪을 벗어나기 위해선 두 종류의 밧줄이 필요하다. 바로 의미와 보람이다.

인간 행동의 가장 중요한, 기본적인 동기는
삶의 의미를 찾는 것이다.
공허감이란 늪을 벗어나기 위해선
두 종류의 밧줄이 필요하다.
바로 의미와 보람이다.

회복탄력성이란 삶의 무기

김주환 연세대학교 언론영상학부 교수는 《회복탄력성》에서 회복탄력성이 있는 사람과 없는 사람을 고무공과 유리공으로 비유하여 설명한다. 실제로 상담을 하다 보면 세 가지 유형의 내담자들이 있다. 바람이 가득 차 있는 공과 같은 사람, 바람이 푹 빠진 공과 같은 사람 그리고 유리공과 같은 사람이다. 이 세 개의 공이 땅에 떨어졌다고 생각해보자. 첫 번째 공은 다시 튀어 오르고, 두 번째 공은 튀어 오르지 못한 채 푹 주저앉고, 세 번째 공은 산산조각이 날 것이다.

첫 번째 유형의 사람은 역경을 만났을 때 조금만 도와주어도 다시 일어설 힘을 가지고 있다. 옆에서 이야기를 들어주고 공감해주면서 함께하는 것만으로 곧 마음을 추스를 것이다. 두 번째 유형의 사람은 무기력과 우울감, 좌절감이 커서 혼자의 힘으로는 일어설 수 없다. 가족과 사회, 국가의 관심이 절실하며 상담과 치료적 도움을 받아야 한다. 세 번째 유형의 사람은 자기 자신과 사회와 미래에 크게 절망해서 다른 길을 찾지 못하고 죽음을 생각하게 된다. 사회적 안전망이 두툼하고 촘촘하게 깔려 있어야 비로소 도움을 줄 수 있을 것이다.

우리는 역경을 극복하고 일어선 사람들의 예를 잘 알고 있다. 그러나 한편으로는 역경을 극복하지 못하고 불행하게 사는 수많은 사람을 만난다. 왜 누군가는 다시 일어서고, 누군가는 그냥 주저앉는 것일까. 삶이 나에게 가르쳐준 가장 귀중한 것이 있다면, 바로 다른 사람이 다시 튀어 오르도록 돕는 법을 알게 된 것이다. 스트레스나 도전적 상황을 극복할 내적 힘을 키워줄 수 있음에 감사하다.

캘리포니아대학교 심리학과 교수인 에미 워너Emmy Werner와 동료들의 카우아이 종단 연구Kauai longitudinal study는 나에게 매우 큰 감동을 주었다. 이 연구는 1955년 하와이 카우아이섬에서 태어난 698명의 아동이 어른이 될 때까지를 추적한 대규모 프로젝트였다. 이 아이들은 대부분 인종적 배경이 다양했으며 정식으로 교육을 받지 못한 노동자 부모에게서 자랐다. 그들은 가정불화, 중독 문제나 정신병리가 있는 부모의 양육에 노출되어 있었다.

연구는 빈곤, 정서적으로 불안정한 부모, 만성적 불화, 가정 붕괴 등 좋지 않은 환경에서 자란 아이들이 겪는 부정적 발달을 살펴보고자 했다. 그래서 연구팀은 아이들 중 가정불화, 중독 문제나 정신병리가 있는 부모의 양육에 노출된 상위 30퍼센트의 고위험군을 선발했다. 연구 결과 고위험군 아이들 세 명 중 두 명은 부적응 문제를 실제로 일으킨 것으로 나타났다. 예상했던 바였다.

그런데 세 명 중 한 명은 유능하고 자신감이 넘치며 배려심 많은 성인으로 성장했다. 그들은 아동기나 청소년기에 어떤 비행도 저지르지 않았고, 학습 문제도 없었으며, 가정과 사회생활을 성공적으로 일구었다. 연령 대비 건강한 편이었고, 사망률도 낮았다. 그들의 교육적·직업적 성취는 경제적으로 안정된 가정 환경에서 자란 아이들과 동등하거나 심지어는 더 높은 것으로 나타났다.

세 명 중 두 명에게는 없었고, 한 명에게는 있었던 것은 무엇일까? 연구팀은 회복탄력성resilience을 결정적 요인으로 보았다. 회복탄력성을 증진하기 위해서는 자존감과 자기효능감을 키우는 것이 가장 중요했다. 그리고 이는 지지적 관계를 통해 향상되었다. 회복탄력성이 높은 아이들에게는 유년 시절에 자신을 무조건적으로 받아주었던 어른이 적어도 한 명은 있었다. 부모가 지지해주는 역할을 하지 못하면 다른 가족들이 기댈 언덕이 되어주었다. 가족들이 하지 못하면 교사나 이웃, 마을의 노인, 친구들이 정서적으로 지원해주며 그들의 인생이 부서지지 않도록 해주었다.

단 한 사람에게라도 무조건적 사랑과 존중을 받았던 아이들은 역경 속에서도 건강한 인간관계를 맺는 능력을 키워갔다. 이들은 나와 다른 사람을 동시에 존중하는 마음의 힘을 가지고 있었다. 그리고 나와 타인의 장점을 알아봄으로써 성공적 인생을 열어갔다.

지금도 우리 앞에는 수많은 역경과 도전이 밀려온다. 이 모든 어려움을 극복하여 더 활력 있고, 생동감 있고, 진정성 있는 삶을 살 수 있도록 하는 능력이 바로 회복탄력성이다. 회복탄력성을 키우는 핵심 요인이 무조건적 지지와 수용, 사랑이라는 사실은 아주 중요하다. 힘든 상황에 처한 이들에게 우리가 주어야 하는 것이기 때문이다.

상담실에는 상담을 요청하는 아이들이 점점 더 많아지고 있다. 친구 관계, 가족 갈등, 성적, 진로 및 진학 등 아이들을 힘들게 하는 문제의 종류는 다양하다. 하지만 그들이 역경을 만나 떨어질 때, 이들을 깨지지 않게 보호하는 에어매트의 재료는 동일하다. 바로 사랑이다.

회복탄력성이 높은 아이들에게는
그들을 무조건적으로 지지하는 어른이
적어도 한 명은 있었다.
우리를 힘들게 하는
문제의 종류는 다양하다.
그렇지만 역경을 만나 떨어질 때
우리를 깨지지 않게 하는
에어 매트의 재료는 동일하다.

그럼에도 우리 삶이 의미 있는 이유

나는 산을 좋아한다. 산을 바라보면 가장 먼저 능선이 시야에 들어온다. 오르막길과 내리막길이 이어지는 능선은 인생의 힘든 순간과 행복한 순간이 교차하는 모습과 닮아 있다. 특히 능선을 걷다 마침내 정상에 오를 때 기분은 최고조에 이른다. 사방이 탁 트인 정상에서 아래를 내려다보면 그동안의 스트레스가 한순간에 사라지는 듯하다.

정상에서 포효한 후 내려오는 마음은 한결 가볍고 행복하다. 이러한 절정경험은 나에게 웬만한 어려움을 이겨낼 힘과 함께 자신감과 만족감을 심어준다. 산을 오르는 기쁨, 정상에서 느끼는 감동은 삶을 더욱 풍요롭게 만들어준다.

나의 아들은 농구를 무척 좋아한다. 아들이 중학교를 졸업하고 고등학교에 진학하던 시기에 우리 가족은 다른 지역으로 이사를 하게 되었다. 이로 인해 아들은 초등학교 때부터 함께 지냈던 친구들과 헤어지고, 낯선 곳에서 새로 시작해야 했다. 이 일은 아들에게 큰 충격으로 다가왔고 원치 않는 이사를 온 것에 대해 부모를 원망하기도 했다. 아들의 예민한 반응은 우리 가족에게도 큰 걱정거리였다.

　그러나 다행히도 아들이 좋아하는 농구가 어려운 시기를 극복하는 데 큰 도움이 된 것 같다. 고등학교 시절 아들은 온몸이 땀으로 흠뻑 젖을 정도로 농구에 몰두하며 시간을 보냈다. 비록 농구 선수가 되지는 않았지만, 아마추어로서 실력을 갖추었고 누구보다 열정적으로 농구에 임했다. 그럼으로써 상처를 극복하고 새로운 환경에 적응할 수 있었다.

　고등학생 딸과 초등학생 아들, 아내와 함께 세종문화회관에서 뮤지컬 〈노트르담 드 파리〉를 본 일이 떠오른다. 가장 뒷자리에 앉았기 때문에 무대의 주인공들은 아주 작게 보였지만, 온 가족이 집중하며 공연을 감상했다. 이 작은 경험이 아이들에게는 무척 인상 깊었던 것 같다. 이후 차를

탈 때마다 아이들은 뮤지컬의 대표곡인 '대성당들의 시대'를 따라 부르며 당시의 감상을 이야기했다.

존 볼비John Bowlby와 머리 보언Murray Bowen 같은 가족치료 학자들은 어린 시절 가족과 함께한 경험이 아이들의 정서적 안정과 행복한 삶의 기반을 형성한다고 강조한다. 소중한 추억을 쌓음으로써 아이들은 심리적 안정감을 느끼고, 자신과 타인에 대한 신뢰를 형성하며, 긍정적 삶의 태도를 갖춘다.

많은 사람이 성공을 위해 분초를 아끼며 달려가고 있다. 더 많이 성취하고 부를 축적할 수 있는 법을 알려주는 책이 베스트셀러로 팔려나간다. 그러나 성공을 위해 달리는 동안 가족이나 공동체와 함께하는 경험을 쌓을 기회를 잃고 있는지도 모른다.

언젠가 누군가 나에게 "생명의전화는 전화받는 곳이니까 별로 바쁘지 않고 여유가 많으시죠?"라고 했다. 사실 생명의전화는 24시간 상담 체제로 움직이고 있고, 상담을 위한 교육 프로그램을 운영할 뿐 아니라 자원봉사 상담자를 관리하고 대외 활동과 캠페인도 진행하므로 어느 기관보다 일이 많고 바쁜 곳이다. 나 또한 대부분의 시간을 기관에서 보내다 보니 가족과 함께하는 시간이 적었고, 이렇다 할 취미 활동도 하지 못했다.

그 대신 나는 정기적으로 미니 트립mini trip을 계획하고 실천하려고 했다. 일주일에 한 번씩 가까운 산에 오르거나 호수를 걸었다. 그리고 계절마다 한 번씩은 조금 더 먼 곳으로 나갔다. 강원도 동해에 가 단골 횟집에서 맛있는 음식을 먹고, 자주 가는 카페에서 바닷가를 가만히 바라보다 돌아오곤 했다. 바쁜 와중에 잠깐이라도 나를 위한 시간을 가짐으로써 행복을 경험했다.

여행뿐 아니라 취미 생활, 운동, 종교 활동, 친목 모임 등은 모두 삶을 가치 있고 풍요롭게 해준다. 이는 결코 낭비되는 시간일 수 없다. 관계와 사랑을 통해 연결을 추구하고 자연과 함께 시간을 보내며 진심으로 대화하고 관심사에 몰입하는 삶이야말로 행복한 삶이다.

빅터 프랭클은 경험적 가치의 중요성에 대해 이야기했다. 사람이 의미를 찾는 주요 경로에는 창조적 가치와 경험적 가치가 있다. 창조적 가치는 개인이 무엇을 창조하거나 성취함으로써 삶의 의미를 발견하는 것을 의미한다. 이를

테면 예술 작품이나 문학 작품을 완성해내고, 일에서 성과를 거두는 것이다.

경험적 가치는 개인이 세상에서 다양한 경험을 하며 삶의 의미를 찾는 것이다. 자연의 아름다움을 느끼고, 사랑하는 사람과 관계 맺고, 예술 작품을 감상하는 것이 여기에 해당한다. 이러한 경험을 함으로써 내면이 풍요로워지고 순간이 의미 있어진다.

창조적 가치가 외부로의 활동을 통해 의미를 찾는 일종의 생산이라면, 경험적 가치는 외부의 경험을 통해 삶의 의미를 찾는 일종의 수용이다. 이 두 가치는 서로 대체할 수 없지만 상호 보완적이다. 예를 들어 작가는 자연의 아름다움을 감상하며 경험적 가치를 느끼고, 그것을 글로 표현함으로써 창조적 가치를 실현할 수 있다. 한편 창작물을 생산해 다른 이에게 감동을 주면, 창조적 가치가 경험적 가치로 전환된다.

창조적 가치를 추구하지 못할 때 우리 삶은 위기에 봉착할 수 있다. 이때 경험적 가치가 중요해진다. 더 이상 그림을 그리지 못하게 된 화가, 글을 쓰지 못하게 된 작가, 노래를 부르지 못하게 된 가수를 떠올려보자. 그들이 그럼에도 과거에 이뤘던 성취와 지금 맺고 있는 관계, 소중한 사람들과 함께 보내는 시간에 감사한다면 삶은 여전히 의미 있을 것이다.

경험적 가치란 결국 다른 사람들과 진정으로 만나 이해하며 얻는 깊은 체험이다. 사랑하지 않으면 그 사람의 본질을 완전히 이해할 수 없다. 그러므로 가장 위대한 경험은 성숙한 사랑이다.

사랑함으로써 우리는 언젠가 이뤄낼 그의 가능성도 볼수 있다. 그러므로 사랑을 하는 사람은 그 사랑에 의해서 사랑하는 사람이 잠재력을 실현하도록 도와준다. 사랑하는 사람이 할 수 있는 일, 그가 되어야 할 바를 깨닫게 하는 것 또한 삶이 의미 있다고 느낄 수 있는 중요한 요소다. 어린아이를 키우면서 온갖 괴로움을 감내하는 어머니의 모습을 떠올리면 쉽게 이해가 될 것이다.

문제는 현대사회에서 개인주의가 심화하며 많은 이가 '나'의 성공과 행복만을 우선시하고, '너'와 '우리'라는 관계적 가치를 잃어가고 있다는 사실이다. 잠재력을 사랑으로 이끄는 것은 단순한 선행 이상의 깊은 기쁨과 의미를 가져다준다. 타인이 꿈을 이루고 변화를 경험하는 과정을 가까이에서 지켜보며 우리의 삶은 풍요로워진다.

그러므로 타인을 사랑하는 일에서 진정한 행복을 찾는 법을 다시 배워야 한다. 더 깊은 의미는 '내 꿈'만을 이루는 것이 아니라, '우리의 꿈'을 만들어가는 과정에서 발견되기 때문이다.

80억 인구 가운데 어떤 사람이 우리를 선택해서 '다른 누구도 아닌 오직 당신'이라며 다가오는 것이 바로 사랑이다. 사랑하는 사람 앞에서, 우리는 현재의 그뿐 아니라 그의 앞에 열려 있는 많은 잠재력을 본다. 사랑은 서로를 성장시키는 힘이다. 사랑이야말로 우리의 삶을 아름답고 가치 있게 만든다.

#3

남은
은
자

단 한 명도 자살해서는 안 되는 이유

죄책감과

상실감

죽음은 한 사람의 것이 아니다

"왜 자살을 막아야 하나요?" 예전에 이런 질문을 받으면, "생명이 천하보다 귀하기 때문이지요"라고 답했다. 그것은 지금도 변함없는 나의 신념이다. 그러나 요즘 똑같은 질문을 받으면 "자살 유가족들이 너무나 힘들어하기 때문이지요"라고 대답한다.

생명의전화는 2009년부터 자살자 유가족 지원 센터를 만들어 운영해왔다. 설립 당시 센터는 깊은 관심을 갖고 유가족을 돕는 첫 번째 기관이었다. 유가족 중에는 부모나 배우자, 형제를 상실한 이들도 많았지만 자녀를 자살로 잃은 이들이 가장 많았다.

자살 유가족이 공통으로 호소하는 감정이 몇 가지 있다. 깊은 상실감, 극심한 죄책감, 수치감, 분노, 우울감, 사회적 낙인감, 자살생각 등…. 덧붙여 그들 중 많은 이가 고인의 죽음을 제일 먼저 목격하여 외상을 겪는 중이다.

한 명의 죽음은 그의 죽음으로 끝나지 않는다. 남은 가족은 큰 충격과 고통의 형벌을 받고, 가족 체계는 무너진다.

"아들이 우울증이 있고 병약한 편이었지만 이렇게 제 곁을 훌쩍 떠나버릴 줄은 꿈에도 생각하지 못했어요. 금방이라도 문을 열고 '엄마' 하고 달려올 것 같은 느낌에 사로잡힐 때가 많습니다. 아들은 죽음을 결심할 만큼 고통스러웠는데 엄마로서 전혀 도움이 못 되었다는 것이 너무 마음 아파요. 교회에 가도 기도가 안 됩니다. 교인들이 위로해주는 말이 오히려 상처가 될 때가 많아요. 사람 만나는 것이 두려워 혼자 집에서 울곤 합니다. 아들의 빈자리가 이렇게 클 줄 몰랐어요. 남편도 삶의 의욕을 잃은 것 같고, 형도 동생을 돕지 못했다는 죄책감에 시달리며 삶의 목적과 방향을 잡지 못하는 것 같아요. 앞으로 어떻게 살아가야 할지 모르겠어요."

고인의 엄마는 사랑하는 아들을 잃고 죄책감과 후회 속에서 어쩔 줄 모르고, 아빠와 형도 삶의 목적과 의미를 찾지 못하고 방황하고 있다. 자살로 인한 사별은 다른 사별보다도 남은 사람들에게 더 깊은 상처를 남긴다. 다른 죽음은 그 원인을 어느 정도는 납득할 수 있지만 자살로 인한 죽음은 더 갑작스럽게 찾아오고, 설명하기도 어렵다. "왜 나는 그때 아무것도 몰랐을까?"라는 자책과 "왜 나에게 이런 일이 일어났을까?"라는 원망은 오랜 시간 유가족을 고통스럽게 한다.

　이것이 내가 자살위기에 처한 사람들과 상담할 때, 남게 될 가족의 마음을 생각해보았느냐고 묻는 이유다.

　"저는 가족들에게 짐만 되는 것 같아요. 이렇게 쓸모없는 존재일 바에 차라리 죽는 것이 낫겠어요"라고 한 청소년이 언젠가 말한 적이 있다. 자살하는 사람들은 자신이 죽어버리면 꼬일 대로 꼬인 자기 인생의 복잡한 문제가 모두 해결될 것이라고 착각하는 경향이 있다. 그렇기에 현실의 삶이 끔찍하게 고통스럽고 의미가 없을 때 쉽게 자살의 유혹에 넘어간다.

　나는 먼저 죽고 싶을 정도로 힘든 마음을 공감적으로 이해하면서 신뢰 관계를 형성했다. 그리고 그가 가족들에게 얼마나 소중한 존재일지 이야기해주었다.

"J님이 진짜 자살로 죽으면 남아 있는 가족은 어떤 심정으로 살아갈 것 같은가요?"

"아빠는 저를 미워하기 때문에 괜찮을 거예요."

"그렇다면 다른 가족은요?"

"엄마와 언니는 저를 좋아했기 때문에 슬퍼할 것 같아요."

이와 같은 간단한 질문만으로도 도움이 될 수 있다. 자살 위기에 처한 사람들은 대부분 터널 비전tunnel vision을 가지고 있어서, 자신이 죽고 난 뒤 어떤 일이 일어날지에 대해 깊게 생각하지 못하는 경향이 있기 때문이다.

사랑하는 가족과 친밀한 친구, 지인 들은 자살위험에 빠진 사람들의 지지 체계 역할을 한다. 특히 가족은 가장 강력한 생명 안전망이 될 수 있다. 문제는 가족이 역기능적이거나 없는 경우다. 이럴 때는 곁에 있는 이가 신뢰할 만한 사회적 가족이 되어주어야 한다.

자살로 생명을 끊으면 그로써 끝이라고 생각할 수 있지만, 남은 사람에게는 새로운 고통이 시작되는 것이다. 고인과 정서적 유대 관계를 맺고 함께 살아온 사람들과 공동체는 큰 충격과 후유증에 시달린다. 그래서 나는 자살을 생각하는 사람들에게 죽음은 끝이 아니라는 것을 이야기해주고 싶다.

> "지금 얼마나 힘들면 자살을 다 생각하셨을까요. 하지만 한 번 더 생각해보세요. 지금은 자신이 무력하게 느껴지지만 당신의 삶은 여전히 의미가 있어요. 당신이 떠나면 슬픔 속에서 살아가야 할 남은 가족들이 있답니다. 혼자 해결하려 하지 말고 주변에 도움을 요청해보세요. 세상이 각박하다 하더라도 반드시 도움을 줄 사람이 있어요. 죽음은 문제의 해결책이 아닙니다. 우리 함께 이겨낼 방법을 찾아보도록 해요."

많은 노력을 기울이는 것이 무색하게 우리나라의 자살률은 좀처럼 줄어들지 않고 있다. 우리 사회의 그늘진 곳에서는 지금도 사업 실패, 실직, 생활고 등 경제적 문제와 우울증과 같은 정신건강의 문제로 자살하는 사람들의 행렬이 여전히 이어지는 중이다. 통계청의 〈2023년 사망원인

통계 결과〉에 따르면, 2023년 한 해 동안 우리나라에서는 1만 3,978명이 자살로 사망했다. 인구 10만 명당 27.3명이라는 수치는 경제협력개발기구OECD 국가 평균(10.6명)의 2배가 넘는다.

여기서 간과해서는 안 될 것이 있다. 자살로 인한 고통과 슬픔은 자살자를 넘어선다는 사실이다. 누군가 자살하면, 최소 여섯 명이 심리적·정서적 영향을 받고 자살위험이 전염된다.

그러므로 한 해 자살로 인해 심각한 정신적 충격과 외상을 경험하는 사람의 숫자는 8만 명에 이른다. 이것이 내가 자살예방에 힘쓰는 이유다.

한 명이 자살하면
최소 여섯 명이 심각한 심리적 충격을 받는다.
그러므로 한 해 자살로 인해
외상을 경험하는 사람의 숫자는
8만 명에 이른다.

슬퍼할 수 있는 권리

"슬퍼할 수 있는 권리—자살 유가족과 자살예방". 2017년 생명문화학회는 아주 특별한 추계 학술 대회를 개최했다. 학술대회의 목적은 분명했다. 자살 유가족이 겪는 슬픔이 사회적으로 충분히 논의되지 않고, 이들의 아픔을 공감하고 지원하는 체계가 부족하기 때문이었다.

자살 유가족은 사랑하는 이를 떠나보내고 깊은 상실감과 슬픔을 느끼는 한편으로 종종 주변의 냉담한 시선과 편견에 맞서야 한다. 그들이 마음껏 슬퍼할 수 있도록 사회적 분위기를 조성하는 것은 필수적 과제다. 학술 대회에서는 자살 유가족이 처한 현실과 그들에 대한 사회적 인식 변화의 필요성, 유가족을 위한 심리적·신체적 지원방안 등이 다뤄졌다. 특히 자살 유가족 권리장전The Suicide Survivor's Bill of Rights이 논의되었다.

"나는 죄책감에서 자유로울 권리가 있다" "나는 자살로 인한 죽음에 대해 책임을 느끼지 않을 수 있다" "다른 사람의 권리를 침해하지 않는 한, 받아들여지지 않는다 해도 나의 느낌과 감정을 표현할 권리가 있다"…. 권리장전은 나는 인간으로서 슬픔을 느끼고 표현할 수 있으며, 사랑하는 사람이 내 곁을 떠났지만 희망을 가지고 새롭게 시작할 수 있음을 이야기한다.

소중한 사람을 상실하고 큰 슬픔에 빠져 있는 유가족에게는 슬픔을 표현할 권리가 반드시 주어져야 한다. 하지만 아직도 우리 사회에는 자살 유가족에 대한 낙인과 편견이 많다. 유가족에게 슬픔을 표현할 권리를 되찾아주기 위해, 나는 몇 가지를 제안하고 싶다.

먼저 자살 유가족에 대한 인식 개선이 필요하다. 이들이 가장 큰 슬픔을 당한 피해자라는 사실을 인지하고, 슬픔을 충분히 표현하도록 하는 분위기가 마련되어야 한다. 누군

가 자살로 사망하면, 사람들은 남은 가족들이 고인의 죽음
과 어떠한 관계가 있을 것이라고 생각하는 경향이 있다. 이
는 유가족들을 위축시키고 다른 사람과의 교류를 회피하
게 한다. 결국 정상적인 애도 과정을 거치지 못하게 된다.

자살 유가족 중 일부는 사망 원인을 심장마비 등 다른 질
환으로 이야기하곤 한다. 이것은 자살로 인한 사망이 다른
사람에게 알려지면 사회적 오명을 뒤집어쓰고, 공동체에
수용되지 못할지도 모른다는 두려움 때문이다. 자살 유가
족도 다른 유가족과 마찬가지로 안전하게, 시간을 들여 슬
퍼할 수 있어야 한다.

다음으로는 자살 유가족에 대한 상담과 치료가 시행되
어야 한다. 유가족은 큰 충격과 외상 후 스트레스 장애를
경험한다. 우리 사회는 자살 유가족이 상담과 치료를 통해
서 건강한 모습으로 공동체에 복귀할 수 있도록 도와야 한
다. 생명의전화는 유가족의 회복을 돕기 위해 2009년부터
'희망을 찾아 떠나는 여행'이라는 7회기의 집단 프로그램
을 시행하고 있다. 나는 지금까지 30회 이상 이 여행에 참
여하며, 치유 프로그램이 유가족들의 회복에 큰 도움이 된

다는 사실을 실감했다.

1회기는 '지금 여기에'로, 프로그램에 참여하게 된 목적과 기대, 버리고 싶은 것 등을 공유한다. 2회기 '희망 바이러스'에서는 현재 감정을 표현하고 감정의 소용돌이에서 벗어나 각자의 희망 메시지를 꺼내볼 수 있도록 한다. 3회기 '내가 사랑해야 할 나의 삶'에서는 자살 이전과 이후before & after 활동으로, 지금은 많은 상실을 경험하고 있지만 용기를 갖고 현실을 직시하여 새로운 삶으로 나아갈 수 있도록 한다. 4회기 '진정한 나를 만나는 시간'에서는 MBTI 성격 유형 검사를 통해 자기 자신과 다른 유가족을 이해해본다.

5회기 '슬픔을 넘어 사랑으로'는 유가족이 가장 힘들어하는 시간이다. 고인의 애장품을 가져와서 고인과의 추억을 회상하고, 행복했던 경험을 나눈다. 그리고 편지 쓰기와 같은 떠나보내기 의식을 통해 고인에 대한 슬픈 감정을 극복해본다. 6회기 '가족은 나의 힘'에서는 자기 자신을 돌보고 관리하는 방법과 남은 가족을 지키기 위한 도움의 자원을 찾아본다. 7회기 '변화의 시작'에서는 프로그램을 통해 자신이 어떻게 변화했는지 나누고 미래를 다짐한다.

프로그램이 끝난 뒤에도 자조모임self-help을 통해 유가
족이 지속적으로 만나 함께 회복해나가도록 돕고 있다. 유가
족 5~6명이 매주 1회 모여 매회 두 시간 동안 진행하도
록 예정되어 있지만 제시간에 끝나는 경우가 거의 없다. 서
로의 감정을 귀기울여 듣다 보면 시간이 늘 초과한다.

　더 많은 소통의 기회를 가질 수 있도록, 전국 곳곳에 자
살 유가족을 위한 쉼터를 두어 운영해야 한다. 자살 유가
족 중에는 몸과 마음에 큰 충격을 받은 자살 고위험자가 많
다. 이들은 쉼터에 일정 기간 머물며 몸과 마음을 쉬어가고
사회에 복귀할 준비를 할 수 있다. 지금 생명의전화는 유가
족의, 유가족에 의한, 유가족을 위한 쉼터인 '새움(새로운 희
망이 움트다)'을 운영하고 있다.

　회복된 동료 유가족이 상담 훈련을 받아 다른 유가족이
찾아오면 상담해주고 보듬어주며 쉼과 회복 프로그램을
안내한다. 이곳은 유가족이 세상의 편견과 낙인의 굴레에
서 벗어나 마음껏 슬퍼할 수 있는 안전한 공간이다. 이러한
공간이 우리 사회 곳곳에 마련되어야만 유가족은 공동체
에 무사히 돌아갈 수 있을 것이다.

마지막으로 종교의 역할 또한 중요하다. 대부분의 종교는 자살을 죄악시한다. 자살 유가족 중에는 종교적 신념으로 더 깊은 고통을 겪는 이들이 많다. '자살한 사람은 천국에 갈 수 없다'라는 인식을 가지고 있다면, 유가족은 극심한 슬픔에 더해 죄책감과 두려움마저 느낄 것이다.

그러나 종교의 본질은 고통받는 이에게 위로와 희망을 전하는 것이다. 종교가 유가족에게 주어야 할 것은 죄책감과 두려움이 아닌 사랑과 용서다. 종교는 자살한 이들을 정죄하기보다 그들이 얼마나 큰 고통 속에서 살아왔는지를 이해하고, 남아 있는 가족들에게 위로와 지지를 제공해야 한다. 모든 종교 공동체가 앞장서서 자살 유가족을 받아들이고 신앙적 지지를 제공할 때 그들은 신과의 관계를 회복하고 공동체의 일원으로 다시 자리할 수 있을 것이다.

다행스럽게도 기독교, 불교, 천주교 등 여러 종교에서 자살 유가족을 위한 예배와 기도 모임, 상담 프로그램, 치유 세미나 등 정서적·영적 지지를 제공하고 있다. 이러한 노력은 유가족들에게 슬퍼할 권리를 돌려준다. 그럼으로써 그들이 외로움에서 벗어나 다시금 삶의 의미를 가질 수 있도록 한다.

깊은 슬픔을 겪고 있는 사람에게, 적어도 슬퍼할 수 있는 권리는 허용되어야 한다.

대부분의 자살 유가족은
정상적인 애도 과정을 거치지 못한다.
자살 유가족 중에는
사망 원인을 다른 질환으로
이야기하는 이들도 있다.
깊은 슬픔을 겪고 있는 사람에게,
적어도 슬퍼할 권리는 허용되어야 한다.

당신의 죄가 아닙니다

미국의 유명한 자살심리학자 에드윈 슈나이드먼Edwin S. Shneidman은 자살 유가족들을 가리켜 '단순한 애도자가 아닌, 자살로 인해 삶이 근본적으로 바뀐 생존자들'이라고 표현했다. 이는 사랑하는 이를 자살로 잃은 유가족들이 평생 자살자의 기억과 함께 살아감을 의미한다. 또한 미국정신의학회America Psychiatric Association는 사랑하는 사람을 자살로 잃었을 때 받는 정신적 충격을 '참사'로 분류했으며, 강제수용소의 경험과 동급으로 보았다.

실제로 평생 의지했던 배우자를 자살로 잃거나 자기 목숨보다 소중했던 자식을 하루아침에 떠나보낸 유가족들을 만날 때마다 그들의 고통이 얼마나 깊은지 절감한다. 그들은 긍정적 감정을 느끼는 것을 힘들어한다. 다른 이들은 행복하게 보내는 명절과 생일, 기념일이 고통스럽게 다가온다. 그들은 즐거운 순간에는 "내가 행복할 자격이 있을까?"라고 자문하고, 슬플 때는 "이건 내가 감당해야 할 벌이야"라며 자책한다.

언젠가 자살로 딸을 잃은 이가 결혼식장에는 가지 못하고 장례식장에만 다녀온다는 이야기를 들었다. 그는 바쁜 일상에서 잊고 지내다가도, "나는 이래도 되는 사람인가?"라는 생각에 다시 죄책감에 휩싸이곤 한다고 했다. 사랑하는 이를 떠나보낸 아픔뿐 아니라 스스로를 용서하지 못하는 마음이 그들을 더욱 무겁게 짓누르는 것이 아닌가 생각해본다.

그렇지만 자살은 남아 있는 사람의 잘못이 아니다. 남은 자들은 자신이 자살시도를 막았더라면 그가 죽지는 않았을 것이라고 사후 가정적 사고를 한다. '내가 그때 그 신호를 알았더라면' '내가 더 관심을 갖고 도와주었더라면'…. 예측할 수 없었던 것에 대해 후회하며 스스로를 탓하는 마음을 더 강화한다.

하지만 우리는 잘 훈련된 정신건강 전문가의 돌봄 아래서도, 여러 번의 자살시도에서 구조된 후에도 자살하는 경우를 본다. 그러므로 자살로 인한 죽음이 남아 있는 가족의 책임이라고 할 수 있는 근거는 어디에도 없다.

위로한답시고 무심코 건넨 말 또한 유가족을 더 위축시키고 불편하게 할 수 있다. "산 사람은 그래도 살아야지요." "시간이 지나면 괜찮아질 겁니다." "내일은 또 내일의 태양이 뜰 것입니다." 진부한 말보다는 유가족의 손을 꼭 잡고 함께 있어주는 것이 더 큰 위안이 될 것이다.

자살 유가족에게 갖지 말아야 할 가장 큰 편견은 자살이 가족들과 관계가 있을 것이라고 추정하는 일이다. 이러한 생각은 이미 사랑하는 사람의 죽음으로 큰 상처를 받고 있는 유가족에게 사회적 낙인을 더한다.

자살은 한 가지 이유로 발생하는 것이 아니다. 복합적 원인이 결합한 결과며 어느 한 사람이 막을 수 있었다고 단언할 근거가 없다는 사실을 인정해야 한다. 유가족들은 자책하고 후회하기보다 자신을 용서하고 애도하도록 허용하며, 충분히 지지를 받을 수 있도록 해야 한다. 혹시라도 지금 이 글을 읽고 있는 당신이 사랑하는 사람을 자살로 떠나보내고 스스로를 원망하고 있다면, 나는 꼭 이 말을 전하고 싶다.

"그것은 당신의 죄가 아닙니다. 그날, 그 순간, 당신이 했던 말과 하지 못했던 말, 당신이 보지 못한 신호와 놓쳐버린 기회들이 그 사람을 떠나게 한 것이 아닙니다. 누구도 다른 사람의 인생을 완벽하게 통제할 수 없습니다. 그러니 스스로를 더 이상 벌하지 않으셨으면 합니다. 당신은 슬퍼할 권리가 있고, 사랑하는 이를 애도할 권리가 있습니다. 그리고 당신은 다시 살아갈 힘을 가질 자격이 있습니다. 그 무거운 짐을 이제 조금은 내려놓으셔도 됩니다. 당신이 기억해야 할 것은 죄책감이 아니라 고인의 삶입니다. 당신은 고인과 함께했던 기억을 간직하고 살아가야 합니다. 당신은 혼자가 아닙니다. 그리고 당신은 여전히 소중한 존재입니다."

단순한 애도자가 아닌,
자살로 인해 삶이 근본적으로 바뀐 생존자들.
유가족이 기억해야 할 것은
죄책감이 아니다.
고인의 삶이다.

아프다고 말할 수 있는 사회

생명의전화는 2011년부터 한강 다리에 SOS생명의전화를 개통하여 운영하고 있다. 한강에서 투신하는 사람들이 많아지는 것을 안타깝게 생각하여 당시 생명보험사회공헌재단 이시형 이사장의 관심과 지원으로 설치되었다. 가장 투신이 많은 마포대교를 시작으로 지금은 19개 한강 다리에 74대와 춘천 소양1교에 1대, 총 75대의 전화가 설치되어 운영하고 있다. 마음이 힘들고 아픈 사람들, 생의 마지막을 결심한 사람들 모두 생명의전화에 이야기할 수 있다.

처음에는 차가 쌩쌩 지나다니는 한강 다리까지 와서 누가 전화를 할까 걱정했으나 이는 기우에 불과했다. 자살위험에 처한 사람들에게 걸려온 전화는 1만여 건에 이르고, 그중 2,000건 이상은 경찰과 소방이 긴급 출동해 투신 직전의 사람들을 구조했다.

SOS생명의전화가 우리나라에서 자살예방의 상징물이 된 것은 마음이 아픈 사람이 아프다고 이야기할 수 있는 창구가 되어주었기 때문일 것이다. 사람들이 지치고 힘든 마음을 누군가에게 이야기하지 못해 이곳 한강 다리까지 와서 전화를 건다는 사실이 나는 못내 마음 아프다. 하지만 그러한 한편으로 용기를 내어 도움을 요청하는 사람들에게 감사한 마음이 든다.

정말 놀라운 사실은 이곳에 전화를 걸어온 사람들은 99.9퍼센트의 확률로 자살로 인해 생명을 잃지 않는다는 사실이다.

우리나라가 자살률이 높다는 것은 그만큼 살기 힘들고 아프다는 의미. 하지만 정작 우리는 자신의 아픔을 드러내는 것을 두려워하고, 다른 이의 아픔을 온전히 받아들이는 것에도 서툴다. 결국 "아프다"라고 말할 수 없는 사회적 분위기가 자살을 부추기고, 자살로 인해 남겨진 가족들마저 더욱 깊은 고통과 외로움 속에 빠져들게 하는 것 같다.

극심한 우울감과 절망감을 느끼면서도 사람들이 쉽게 마음을 털어놓지 못하는 이유는 힘들고 아프다고 표현하면 '나약하다' '문제가 있다' '의지가 부족하다'라고 사회적 낙인을 찍기 때문이다. 특히 자살 유가족은 편견적 시각 때문에 마음의 고통을 숨기는 경향이 있다. 도움을 받지 못하고 혼자 참고 이겨내려 하다가 더 깊은 우울로 빠지고, 자살충동에 사로잡히곤 한다.

공동체 의식이 붕괴된 사회에서는 상호 연대성과 유대감이 상실되고, 계층 간, 세대 간, 가족 간에 따뜻한 관심과 사랑을 나누지 못한다. 이렇듯 단절된 사회에서는 고통과 슬픔을 표현하기 어렵고, 설령 표현한다고 하더라도 받아줄 사람이 없다.

중요한 것은 단 하나, 연결이다. 나와 너 모두 소중한 사람임을 잊지 말고, 그럼에도 서로에게 관심을 가져야 한다. 자살을 예방한다는 건 결국 마음이 힘들고 아픈 사람들이 자기의 고통을 이야기하고, 서로 아무 조건 없이 사랑과 관심을 보여주며 보듬는 사회를 만드는 것이다.

자살은 어느 특별한 개인의 문제도, 나와는 상관없는 골 칫거리도 아니다. 자살은 개인뿐 아니라 우리 공동체에 영 향을 미친다. 자살을 시도하는 사람, 자살 이후에 남겨진 사람, 자살생각을 하는 사람들을 우리가 어떻게 대할지가 우리나라의 미래를 결정한다고 생각한다. 이들을 잘 대하 지 못할 때, 우리나라는 물질적으로는 잘 살게 될지언정 결 코 행복해질 수는 없을 것이다.

자살예방의 첫걸음은 힘들 때 힘들다고, 아플 때 아프다 고 이야기할 수 있는 사회를 만드는 것이다. 그리고 아프다 고 이야기할 때 사회적 낙인을 찍지 않고 편견의 잣대를 대 지 않는 것이다. 힘들고 아픈 마음을 언제든 표현할 수 있 는 분위기가 조성되어야 한다. 그리고 그 힘들고 아픈 이야 기를 언제든 들어줄 수 있는 따뜻한 돌봄 공동체가 필요하 다. 더 나아가 마음의 문제를 상담하고 치료하는 정신건강 상담 체계가 확충되어야 한다.

고통은 다른 이와 나눌 때 비로소 한 사람 안에 머무르길 멈춘다. 들어주는 것은 고통에 길을 내주는 일이다.

중요한 것은 단 하나,
연결이다.
자살예방이란 결국
서로의 고통을 이야기하는 것이다.
들어주는 것은
고통에 길을 내주는 일이다.

자
살

바
이
러
스

자살 바이러스, 백신은 있다

코로나19가 확산했을 때 정부와 민간은 힘을 합쳐 총력 대응에 나섰다. 정부는 위기 경보를 발령하고 감염자의 동선을 추적했다. 기업은 재택근무를 시행했으며, 개인은 불편함을 무릅쓰고 마스크를 착용했고 백신을 두세 차례나 접종했다. 팬데믹이 아닐지라도, 독감이 유행할 때마다 질병관리청은 유행 주의보를 발령하고 독감 예방 접종을 권장한다. 우리는 이러한 감염병 대처 방식에 익숙하다.

하지만 우리 사회에 심각하게 번지고 있는 또 다른 바이러스에 대해서는 접종이 잘 이뤄지지 않는 것 같다. 그것은 바로 보이지 않는, 마음의 자살 바이러스다.

자살 바이러스는 이미 심각한 수준에 도달했다. 통계청의 〈2024년 사회조사 결과〉에 따르면 13세 이상 인구의 4.8퍼센트가 자살충동을 느꼈다고 보고했다. 이러한 자살 바이러스는 결국 자살로 이어진다. 〈2023년 사망원인통계 결과〉에 따르면 2023년 우리나라에서 하루 평균 38.3명이 자살로 사망했다.

2023년 정부는 〈제5차 자살예방기본계획(2023~2027년)〉을 발표하며 자살률을 2021년 26명에서 2027년 18.2명으로 30퍼센트 낮추겠다고 선언했다. 자살률을 감소시키기 위해 정부는 자살예방 및 생명존중 문화 조성, 자살 고위험 발굴 및 사후관리, 지역 기반 자살예방 사업 등을 전개하고 있다. 그러나 정부의 힘만으로는 한계가 있다.

역대 어느 정부도 자살률을 줄이겠다는 목표를 달성하지 못했다. 코로나19 대응에 민관이 협력하여 총력을 기울였듯 자살 바이러스에 대해서도 민관의 적극적 대응 체계가 필요하다. 희망적인 것은 백신이 신속히 보급되면서 코로나 바이러스를 잡을 수 있었듯, 자살 바이러스를 잡을 수 있는 백신이 이미 존재한다는 것이다.

첫 번째 백신은 생명존중 문화다. 생명존중 백신은 작은 생명을 아끼는 데부터 시작하여 나와 다른 사람의 생명을 존중하는 사회를 만드는 것이다. 물질만능주의 사회에서는 사람을 수단과 이용 가치로만 생각한다. 사람은 수단이 아니라 그 자체로 목적이며, 사람의 생명은 어떤 것으로도 대체할 수 없는 지상 최고의 가치라는 사실을 잊어서는 안 된다. 생명존중의 가치를 어린 시절부터 교육해서 우리 사회에 깊이 뿌리내리도록 힘써야 한다. 생명이 존중되는 사회에서는 자살 바이러스가 더 이상 활동하지 못한다.

두 번째 백신은 희망의 메시지다. 자살 바이러스는 우울과 절망 속에서 강해진다. 나는 사업에 실패한 사람을 여러 명 보았다. 누군가는 죽음을 생각하며 산으로 가고 있다고 했다. 그러나 다른 사람은 힘들지만 포장마차부터 다시 시작하겠다고 했다. 물론 후자의 사람과 같은 마음을 가지면 좋겠지만, 실패를 끝이라고 생각하는 사회에서 전자의 사람이 잘못되었다고 말할 수만은 없다. "다시 일어설 수 있어" "한 번 더 해보자. 분명 다른 길이 있을 거야"라는 말이 더 많이 들리는 사회가 되어야 한다. 무엇보다 죽음 이외에 대안이 없을 것이라고 생각하는 사람들에게 희망이 있다고 말해주어야 한다. 희망의 메시지가 있는 사회에서는 자살 바이러스가 활동하지 못한다.

세 번째 백신은 삶의 의미와 목적이다. 자살 바이러스는 공허함과 무력감 속에서 번져나간다. 우리에게 살아갈 이유가 분명히 있다면 큰 역경이 다가와도 이겨낼 수 있다. 우리 앞에는 언제나 두 개의 버튼이 놓여 있다. 하나는 역경을 마주하며 공허감과 좌절감을 느끼는 부정 버튼이고, 다른 하나는 일과 사랑을 통해서 삶의 의미를 찾는 긍정 버튼이다. 그중 어느 버튼을 누를지는 전적으로 우리의 의지에 달려 있다.

마지막 네 번째 백신은 연대를 통한 연결이다. 자살 바이러스는 혼자라고 생각하는 사람들을 집중 공략한다. 정부는 2018년 생명존중정책 민관협의회를 발족하여 지금까지 운영하고 있다. 이 협의회는 정부를 포함해 다양한 기관과 단체가 서로 연대하고 연결하여 자살 바이러스를 퇴치하자는 취지로 구성되었다. 이 협의회는 그동안 많은 긍정적 역할을 해왔지만, 국민 저변까지 충분히 연결되지 못한 아쉬움이 있다.

가장 중요한 것은 개인과 개인이 사랑의 끈으로 연결되는 것이다. 주변의 가족과 친구, 이웃이 무기력하거나 힘들어 보이면 그들에게 먼저 관심을 보이고 손을 내밀어주자. "요즘 어떻게 지내?" "괜찮지?"라고 물어보는 것부터 시작한다. 그들이 힘들다고 하면 "그래, 네가 많이 힘들었겠다" "네 마음 이해해. 힘내" 하고 공감해준다. 조언이나 충고를 하기보다는 있는 그대로 경청하고 공감을 표현해주는 것이 필요하다. 이야기를 하다가 감당하기 어려우면 24시간 열려 있는 자살예방 상담전화(109)나 생명의전화(1588-9191), 지역 정신건강복지센터나 자살예방센터로 연결해주면 된다.

　자살은 분명 예방할 수 있다. 사회적 노력이 코로나19만큼이나 집중된다면 가능하다. 자살 바이러스를 막기 위한 백신이 더 신속하게 공급되어야 한다. 제도와 정책이 마련되기만을 기다릴 수는 없다. 서로에게 관심과 배려를 보이는 것은 지금 당장 할 수 있는 일이다. 바로 옆에 있는 사람들에게 따뜻하게 대하는 것만큼 효과적인 백신은 없다.

자살은 분명 예방할 수 있다.
그리고 바로 옆에 있는 사람들에게
따뜻하게 대하는 것만큼
효과적인 백신은 없다.

사망 원인 통계를 보면서

한 해를 마무리할 때쯤 통계청에서는 전년도 〈사망원인 통계 결과〉를 발표한다. 우리나라 전체 사망 원인에 고의적 자해(자살)가 큰 비중을 차지하고 있다. 나는 통계 자료가 나올 때마다 지난 한 해 동안 자살예방을 위해 해온 노력을 돌아본다. 한 개인이나 기관의 노력만으로 자살률이 올라가거나 내려가는 것은 아니지만 이 일을 하는 사람으로서 통계 자료는 늘 마음을 다잡는 기준이 된다.

자살률이 증가했으면 어떤 사회적 사건이 영향을 미쳤는지 살펴보고, 반대로 자살률이 감소했다면 아직도 경제협력개발기구 국가 중 최상위 수준인 자살률을 더 낮춰야 한다고 다짐한다.

한편으로는 통계 자료 속 숫자를 보며, 우리가 그것에 대해 점점 무뎌져가고 있는 것이 아닌가 하는 생각도 든다. 숫자 속에 담긴 한 사람 한 사람 생명의 무게를 충분히 생각하지 못하고, 나와 무관한 누군가의 죽음으로만 받아들이고 있지 않은지 반성해본다.

전년보다 1,000명이 더 사망했다는 것은 사실 국가적으로 심각한 문제다. 마땅히 전 국민적 차원의 관심과 대책이 논의되어야 하는 일이다. 그러나 우리는 숫자를 무감각하게 흘려보내는 경향이 있다.

〈2023년 사망원인통계 결과〉에 따르면, 총 35만 2,511명이 사망했다. 가장 큰 사망 원인은 암이다. 심장질환, 폐렴, 뇌혈관질환, 고의적 자해(자살)가 그 뒤를 잇는다. 자살이 우리나라 전체 사망 원인 5위에 해당한다는 것이 놀랍다. 심지어 10대부터 30대까지는 사망 원인 1위가 자살이다. 40대, 50대에서는 2위, 60대에서는 4위다. 모든 연령대에서 자살이 주요 사망 원인으로 자리 잡고 있다는 것은 큰 문제지만, 특히 아직 충분히 살아보지도 않은 젊은 층이 자살로 사망할 가능성이 가장 크다는 것은 우리나라의 내일을 어둡게 만들고 있다.

실제로 우리나라 자살 사망자 수는 2023년 1만 3,978명으로 전년도보다 1,072명 증가했으며, 자살 사망률은 27.3명으로 전년도 대비 8.5퍼센트 증가했다. 이러한 수치는 2018년 이후 가장 높은 것이며, 매일 38.3명이 자살로 사망하는 재앙을 경험하고 있는 셈이다.

우리나라의 자살률은 성차도 크다. 2023년 남성의 자살률은 38.3명, 여성은 16.5명으로 남성이 여성보다 2.3배 높았다. 남성 자살률이 여성보다 높은 것은 전 세계적 경향과도 일치하는데, 이는 남성이 여성보다 더 많은 문제를 가지고 있어서라기보다, 남성이 자살을 시도할 때 더 치명적 방법을 선택하기 때문인 것으로 보인다. 실제 연구에서도 여성이 남성보다 더 자주 자살을 시도하지만, 사망률은 남성보다 낮은 것으로 보고되고 있다.

연령별 자살률을 보면, 2023년 80세 이상이 59.4명으로 가장 높았고, 그 뒤를 이어 70대(39.0명), 50대(32.5명), 40대(31.6명), 60대(30.7명) 순으로 나타났다. 연령별 자살자 수는 10대가 370명, 20대, 30대가 3,131명, 40대, 50대가 5,302

명, 60대, 70대가 3,810명으로 집계되었다. 전화상담 통계와 관계기관 자료를 통해 연령별 주요 자살 원인을 살펴보면, 10대는 학업 및 진로 스트레스, 또래 관계 갈등, 학교폭력 등의 문제를 많이 호소한다. 20대, 30대는 경제적 어려움, 취업난과 고용 불안정, 삶의 의미 상실 등이 주요 원인으로 작용하며, 40대, 50대는 가계 부채와 경제적 부담, 가정 및 직장에서의 역할 갈등 등이 큰 비중을 차지한다. 60대 이상은 경제적 어려움, 사회적 고립, 건강 문제 등이 결정적으로 나타난다.

국제연합UN과 세계보건기구WHO에서는 자살예방을 위해 단순한 정신건강 지원을 넘어서는 다각적 전략을 강조하고 있다. 즉 개인적·사회적·구조적 요인을 고려한 통합적 접근 방식이 필요하다는 것이다. 자살은 우울증과 같은 정신적 문제뿐 아니라 공동체의 붕괴, 빈곤, 차별, 폭력 등의 환경적 요인과도 깊은 관련이 있다. 이에 따라 우리 정부도 기존의 보건·의료 중심의 대책을 넘어 사회적 대책을 포함한 포괄적 자살예방 정책을 추진하고 있다.

이는 매우 다행스러운 일이지만, 포괄적 대책이 실질적

성과를 내기 위해서는 충분한 예산과 인력이 뒷받침되어야 한다. 국가의 가장 기본적 역할이 국민의 생명과 안전을 지키고 행복한 복지사회를 조성하는 것이라면, 그에 합당한 예산 투자가 이루어져야 하는 것은 당연한 일이다.

  사망 원인 통계를 보며 다시 한번 죽음에 대해 생각해본다. 죽음에는 자연사, 사고사, 병사, 자살, 타살 등 여러 가지 형태가 있다. 자살을 제외한 대부분의 죽음은 노력했지만 막지 못한 '어쩔 수 없는 죽음'이라 볼 수 있다. 그러나 자살은 다르다. 그것은 스스로 선택한 죽음이며, 무엇보다도 철저히 홀로 맞이하는 죽음이라는 점에서 더욱 깊은 고민을 하게 만든다. 의도된, 그리고 고립된 죽음이 점점 증가한다는 것은 단순한 개인의 문제가 아니다. 그것은 우리의 생의 의지를 약화하고, 사회적 유대감을 해체하는 심각한 사회 문제다.

  〈사망원인통계 결과〉 속 자살률을 단순한 수치로 받아들이는 것이 아니라, 그 숫자 속에 담긴 수많은 생명의 무게를 깊이 인식해야 한다. 고립된 사람들에게 다가가 손을 내밀고 그들이 혼자가 아니라고 느끼게 하는 것. 그것이야말로 우리가 지금 당장 할 수 있는 일이다. 숫자가 품고 있는 생명의 무게는 결코 가볍지 않다.

한 해 자살 사망자 1만 3,978명.
전년 대비 1,072명 증가.
하루 평균 38.3명 사망.

통계 자료 속 숫자에
우리는 점점 무뎌지는 게 아닐까.
숫자가 품고 있는 생명의 무게는
결코 가볍지 않다.

우리가 행복하지 못한 이유

"당신은 행복하십니까?" 이런 질문을 받는다면, 바로 "그렇다"라고 답할 수 있는 사람이 얼마나 될까. 나는 과연 자신 있게 행복하다고 말할 수 있을까.

우리는 행복해지기 위해 살지만, 행복을 느끼며 사는 경우는 많지 않다. 좋은 대학에 가는 것, 남들이 부러워하는 직장에 들어가는 것, 직장에서 승진하는 것, 돈을 많이 벌어 경제적 자유를 얻는 것…. 다양한 삶의 목표를 설정하고 이를 이루면 행복할 것이라 생각한다. 그러나 치열한 경쟁 끝에 모든 것을 이룬 듯한 사람들도 불행하다고 느끼는 이유는 무엇일까.

행복의 기준을 외적 성취에 두고 소소한 주관적 행복에는 무관심했던 결과가 아닐까 생각해본다.

통계청의 〈2024 한국의 사회지표〉에 따르면 우리나라의 경제 규모는 꾸준히 성장하여, 2024년 명목 국내총생산GDP은 2549.1조 원에 이른다. 이는 세계 12위 규모로, 대한민국이 전 세계적으로 경제적 성과를 인정받았다는 것을 보여주는 수치다. 외현적 숫자로만 보면 우리나라는 잘살고 있다.

그러나 우리나라 국민은 경제적 성과를 이뤄낸 것만큼 행복할까? 〈2024년 세계행복보고서World Happiness Report 2024〉에 따르면, 우리나라 삶의 만족도 점수는 10점 만점에 6.058점으로 143개국 중 52위를 기록했다. 경제협력개발기구 38개 회원국 중에는 하위권에 속한다. 우리는 경제적으로 부유한 나라가 되었지만, 행복은 여전히 먼 곳을 헤매고 있다.

물질적 풍요를 넘어 우리가 바라봐야 할 행복지수가 있다. 그것은 바로 국민총행복지수GNH, Gross National Happiness

다. 이 지수는 1972년 부탄 국왕인 지그메 싱예 왕추크Jigme Singye Wangchuck가 처음 제안한 개념으로, '국내총생산보다 국민총행복지수가 더 중요하다'라는 철학에서 출발했다. 국민총행복지수는 경제적 성장뿐 아니라 정신적·사회적·환경적 요소를 고려하여 국민의 전반적 행복 수준을 평가한다. 정신적 건강, 보건, 시간 활용, 교육, 다문화성, 훌륭한 통치, 공동체의 활동력과 활기, 생태적 다양성과 복원성, 생활 수준의 아홉 개 지수를 측정한다.

국내총생산을 높이기 위해서는 결승선에 더 빨리 들어오기 위한 100미터 달리기가 필요할지도 모른다. 하지만 국민총행복지수를 높이기 위해서는 자신의 속도대로 걷는 산책이 필요하다. 달리기 선수들은 앞만 보고 달려야 하기에 자신의 마음이나 자연과 이웃을 돌아볼 여유가 없다. 그러나 잠시 속도를 낮추어 걷는 산책은 우리에게 더 많은 행복을 선물한다. 잠시 틈을 내어 산책할 때 얼굴을 부드럽게 간지럽히는 산들바람, 길가에 피어난 작은 꽃, 나뭇잎 사이로 스며드는 햇살, 바람에 실려 오는 향긋한 내음 등 평소에는 지나치기 쉬운 자연의 아름다움을 발견할 수 있다.

나는 젊은 시절 혼자 등산하는 것을 좋아했다. 늘 바빴기에 시간을 정해놓고 산에 올랐고, 힘들게 정상에 도착하면 잠시만 성취감을 맛보고 곧바로 하산했다. 한 번은 걸음을 재촉하다 거의 다 내려와서 작은 돌부리에 걸려 앞으로 넘어졌고, 결국 얼굴과 다리에 큰 타박상을 입고 응급실에 가야 했다. 산행을 천천히 즐기지 못하고 시간에 쫓기며 정상에 오르는 데 급급한 결과였다.

  그 후 나는 정상에 오르는 욕심을 버리고 아내와 함께 산과 호수의 둘레길을 찾아 걷기로 했다. 그 선택은 나를 더 행복하게 했다. 신선한 공기를 마시고 멋진 풍경을 보며 걷다 보니 일상의 피로가 해소되고, 몸도 마음도 건강해졌다. 혼자 쫓기듯 오르지 않고 아내와 함께 걸으며 많은 대화를 나누니 서로의 마음을 더 깊이 이해할 수 있었다. 주말이나 공휴일에 여유 있게 걷는 것이 행복이 되었다.

  독일 시인 칼 헤르만 부세Carl Hermann Busse는 그의 시 〈산 너머〉에서 이렇게 노래했다. "산 너머, 저기 먼 곳에/ 행복이 살고 있다고 사람들은 말했네/ 그래서 나는 그곳으로 가는 군중의 무리에 기꺼이 참석했는데/ 눈에 눈물만

머금고 돌아왔다네/ 산 너머 저기 멀고 먼 곳에/ 사람들은 행복이 있다고 말했건만…."

이 시는 사람들이 행복을 찾기 위해 먼 곳으로 떠나는 여정을 그린다. 사람들은 '산 너머, 저기 먼 곳'에 행복이 있다고 믿고 그곳을 향해 달려가지만 결국 실망한다. 우리의 행복은 사회가 말하는 외적 성취와 일치하지 않을 수 있다. 행복은 '산 너머, 저기 먼 곳'에 있는 것이 아니라 지금 이 순간, 우리의 내면에서, 일상에서 발견되는 것이다.

바쁜 와중이라도 잠시 멈추어 서서 내면을 바라보고 "너는 행복하니?"라고 물어보자. "아니다" 또는 "불행하다"라는 대답이 나온다면 밖으로 나가자. 결코 다른 사람들과 비교하지 말고 나만의 속도로 천천히 산책하자. 보고 싶은 친구들의 안부를 묻고, 사랑하는 가족들과 맛있는 저녁 식사를 약속해보자. 우리의 인생을 행복으로 물들이는 건 언젠가 찾아올 거창한 사건이 아닌, 지금 이 순간 일어나는 작은 즐거움이다.

자살행렬의 고리를 끊자

자살소식을 자주 접하는 나날을 보내고 있다. 2024년 한 해 동안 매일 40명, 연간 1만 4,439명이 자살로 생을 마감했다는 잠정 통계가 발표되었다. 만약 이들을 한 줄로 세운다면 얼마나 긴 행렬이 될까. 자살률을 줄이기 위한 노력은 계속되지만, 자살행렬은 오히려 더 길어지고 있다. 이대로라면 그것은 끝내 우리 공동체의 내일에 어두운 그림자를 드리울 것이다.

국제자살예방협회IASP와 세계보건기구는 2003년 9월 10일 스웨덴의 스톡홀름에서 '세계 자살예방의 날'을 제정했다. 이날은 전 세계적으로 자살예방의 필요성을 알리고 자살의 낙인stigma을 지우기 위한 활동이 펼쳐진다. 2024년의 주제는 '자살에 대한 이야기를 바꾸기Changing the narrative on suicide'로, 자살 문제를 숨기고 쉬쉬하는 문화에서 벗어나 열린 대화를 통해 서로 이해하고 도움을 주고받을 수 있는 사회를 만들고자 했다. 우리나라에서는 2004년부터 한국자살예방협회, 생명의전화 등 민간단체가 세계 자살예방의 날을 지켜온 것에 더해 2011년 정부 차원에서 법정 기념일로 지정했다.

세계정신건강연맹WFMH은 정신건강 증진을 위해 1992년 10월 10일을 '세계 정신건강의 날'로 지정했다. 세계 정신건강의 날에는 정신건강 인식 개선을 위한 교육과 낙인 제거를 위한 활동을 진행한다. 우리나라는 2017년부터 정신건강의 날을 법정 기념일로 지정하여 기념하고 있다.

자살로 사랑하는 사람을 잃은 유가족을 위로하고 지원하기 위한 날도 있다. 미국에서는 매년 11월 세 번째 토요일을 '세계 자살 유가족의 날'로 지정하여 자살 유가족들이 모여 상처를 공유하고 치유하는 시간을 갖도록 한다.

2014년 세계보건기구는 〈자살예방—지구적인 명령Preventing Suicide: A Global Imperative〉이라는 보고서를 발표했다. 이 보고서는 자살이 전 세계적으로 심각한 공중보건 문제며, 예방이 가능하다는 점을 강조한다. 정부, 보건의료 시스템, 지역사회가 협력하여 다각적으로 접근하고, 국가 차원의 자살예방 전략 수립 및 실행이 필요하다고 권장한다.

미국은 2024년 새로운 국가자살예방전략NSSP을 발표하며, '전 사회적 접근whole-of-society approach'을 바탕으로 한 포괄적 대책을 강조했다. 이를 통해 연방정부뿐 아니라 주정부·지역사회, 민간기업, 시민단체까지 공공과 민간의 모든 파트너십을 동원하여 자살예방에 나서겠다는 계획이다. 일본은 2006년 제정된 '자살대책기본법'을 기반으로 '생명을 소중히 하며, 누구도 자살로 내몰리지 않는 사회'를 목표로 삼고 있다. 경제적 지원, 정신건강 의료 체계 정비, 사회적 고립 해소, 유해한 인터넷 정보 차단 등을 포함한 범부처 대책을 추진하며, 전 사회적 연대와 협력을 강조한다.

우리나라도 2011년 '자살예방법'을 제정하여 체계적 자살예방 정책을 추진해왔으며, 2023년에는 〈제5차 자살예방기본계획〈2023~2027년)〉을 발표했다. 이를 통해 2027년까지 자살률을 30퍼센트 줄이는 것을 목표로 범사회적 노력을 이어가고 있다.

　이것이 자살행렬의 고리를 끊기 위해 전 세계적으로 이루어지고 있는 일이다. 우리나라는 정부와 민간이 각각 자살예방을 위해 노력하고 있지만, 상호 협력과 연대가 충분히 이루어지지 않는 경우가 많다. 미국과 일본의 전 사회적 접근과 연대를 통한 포괄적 자살예방 전략을 참고할 만하다.

　중앙정부, 지방정부, 민간 기관이 협력하여 장기적 관점에서 노력이 이루어져야 한다. 서로를 지지하고 돌보는 문화가 자리 잡을 때, 비로소 자살행렬의 고리를 끊을 수 있을 것이다.

자살로 생을 마감한 이들을
한 줄로 세운다면
얼마나 긴 행렬이 될 것인가.
자살행렬은 우리의 내일에
어두운 그림자를 드리우고 있다.

책
임
과

의
무

자살은 우리 모두의 문제다

친구나 지인이 고민을 털어놓을 때가 있다. 단순한 일상의 스트레스일 수도 있지만, 깊은 상처와 절망 속에서 길을 잃고 헤매는 이야기일 수도 있다. 그들을 도와주고 싶은 마음만은 가득하지만, 어떻게 반응해야 할지 몰라 당황하거나 망설이기 쉽다.

친구가 "죽고 싶다"라고 이야기한다고 해보자. 우리는 먼저 충격을 받을 것이다. 가까운 사람이 그렇게 힘들어하고 있다는 사실에 가슴이 아프다. 어떻게든 도와주고 싶지만, 무슨 말을 해야 할지 몰라 주저하게 된다. 잘못된 말을 해서 더 상처 주지는 않을까? 내가 정말 도움을 줄 수 있을까? 여러 고민이 우리를 망설이게 한다.

그러나 자살위험에 처한 사람에게 필요한 것은 특별한 말이 아니다. 그저 '누군가 내 이야기를 진심으로 들어주고 있다'라는 느낌이다.

흔히 자살충동을 가진 사람은 자살의도를 말하지 않는다고 생각한다. 그러나 실제로 자살을 시도하는 사람 중 80퍼센트 이상은 주변에 경고신호를 보낸다. 문제는 우리가 그 신호를 제대로 인식하지 못하는 경우가 많다는 것이다. 자살의 경고신호는 상황, 행동, 생리, 사고, 감정의 다섯 가지 영역의 변화에서 찾을 수 있다.

상황적 변화는 사랑하는 사람의 사망, 이혼, 별거와 같은 상실 경험이나 성적·신체적 폭력, 실직, 학업 실패, 법적 문제 등 극심한 생활 스트레스를 겪는 것을 의미한다. 행동적 변화는 사회 활동의 갑작스러운 중단, 유서 작성이나 소지품 정리, 과음·약물 남용·무모한 행동 등의 위험한 행동 증가로 나타난다. 생리적 변화는 식욕 상실, 불면증, 만성적인 피로, 잦은 질병 등의 신체적 변화를 포함한다. 사고의 변화는 자살이나 죽음에 대한 언급, 자살계획을 암시하는 행동, "이제 다 끝났어" "나는 쓸모없는 존재야"와 같은 절망적이고 무가치한 사고의 증가로 나타난다. 감정적 변화는 지속적 슬픔, 우울, 분노, 불안 또는 갑작스럽게 차분해지는 감정의 변화를 포함한다.

자살을 고민하는 사람들은 자신도 모르게 주변에 도움을 요청하고 있다. 이와 같은 신호를 인식하고 적극적으로 개입할 때 소중한 생명을 구할 수 있다.

자살위험에 처한 사람을 만났을 때는 신속하고 적절한 대응이 필수적이다. 먼저 그들의 감정을 비판하지 않고 진심으로 들어주며 공감하는 것이 중요하다. 그들이 자살의 경고신호나 위험 요인을 보일 경우, 직접적으로 자살의도를 확인하는 것이 필요하다. "걱정되어서 그러는데 혹시 자살을 생각해본 적이 있나요?"라고 조심스럽게 물어본다. 만약 자살을 고려하고 있다고 하면, 더 구체적 계획이 있는지 추가로 확인해야 한다. "매우 힘드신 것 같아요. 구체적으로 어떤 방법을 생각하고 계시나요?"

자살계획이 구체적이거나, 극심한 스트레스로 큰 고통을 겪고 있거나, 과거 자살시도 경험이 있거나, 정신과적 문제가 있는 경우 자살위험이 매우 큰 상태일 수 있다. 이럴 때는 반드시 가족이나 가까운 사람에게 알리고, 정신건강 전문가나 응급 기관과 신속히 연계해야 한다. 무엇보다 위기 상황이 지나간 후에도 지속적 관심과 지지를 보내는 것이 중요하다.

2013년 생명의전화는 오랜 교육 경험과 노하우를 바탕으로 자살위험에 처한 사람들을 인식하고Awareness, 개입하며Intervention, 필요 시 의뢰하는Referral 자살예방 상담 원리를 체계적으로 정리한 교육 과정인 'AIR Training'을 개발했다. 이는 단순히 정보를 제공하는 것을 넘어, 이론과 실제를 포함한 종합적 자살예방 상담 과정이다. 이 과정은 자살예방의 기초 과정(자살현상 이해하기, 자살위험 인식하기, 자살위험 평가하기, 상담 관계 형성하기, 자살위기 개입하기, 사후예방 상담하기, 도움 찾기와 의뢰하기)과 심화 과정(의미요법과 자살예방, 우울증 위기관리, 스트레스 및 분노 관리, 심리검사 활용, 자살위기 역할 실습 및 사례연구)으로 구성되어 있다. 자살예방 활동에 직접 참여하는 소방·경찰·교정 공무원, 자살예방센터 상담사, 사회복지 기관 종사자, 상담심리사, 종교인, 사회 활동가는 물론 자살예방에 관심 있는 시민에게도 큰 도움을 준다.

자살위기에 처한 사람을 도와야 하는 책임자는 그가 살아가고 있는 공동체 속 가족이나 친구와 이웃, 그러니까 우리들이다. 자살예방은 거창하거나 어려운 일이 아니다. 주변에서 힘들어하는 사람을 인식하고(A), 관심을 갖고 개입하며(I), 필요할 때 전문 기관에 의뢰하는(R) 것만으로 그들의 숨통을 트이게 할 수 있다. 누군가의 삶을 바꾸는 건 결코 거창한 일이 아니다.

자살을 시도하는 사람 중
80퍼센트 이상이
경고신호를 보낸다.
그것을 알아차려야 하는 책임자는
우리 모두다.

자살은 어떻게 보도되어야 할까

유명 연예인의 죽음은 언론이 보도하는 주요 기사 중 하나다. 그러나 보도 방식에 따라 사회에 완전히 다른 영향을 미칠 수 있기 때문에 신중한 접근이 필요하다. 특정한 자살보도 방식은 모방자살로 이어질 수도 있다.

우리나라에서 2004년은 자살과 관련된 사회적 노력이 본격화된 해라고 할 수 있다. 당해 연도에 〈자살보도 권고기준〉이 마련되었을 뿐 아니라, 한국자살예방협회가 발족하고 세계 자살예방의 날 기념식을 가졌다.

세계보건기구를 중심으로 자살보도의 영향이 연구되면서 국제적으로 자살보도 가이드라인을 두고 신중하게 보도하고 있다. 자살 관련 보도를 최소화하는 것이 우선이다. 유명인의 자살도 공익적 목적이 있는 게 아니라면 보도 자체를 자제해야 한다. 또한 자살예방 정보를 제공하는 것을 의무화하고, 자살사건을 다룰 때 예방적 접근을 강조하는 것이 기본 내용이다.

그러나 〈자살보도 권고기준〉이 분명히 있어도 잘 지켜지지 않는 것이 현실이다. 언론에서는 헤드라인에 자살이라는 말을 공공연하게 쓰고, 자살의 구체적 방법과 장소를 여과 없이 보여준다. 자살을 문제 해결의 수단인 것처럼 미화하는 경향 또한 여전히 만연하다. 인터넷 포털사이트에 고인의 업적을 재조명하는 기사가 넘쳐날 뿐 아니라 자살부터 장례식까지 거의 모든 일정을 상세하게 소개하는 경우도 있다.

"고통 속에서 선택한 안타까운 이별" "하늘에서 행복하길" "하늘의 별이 되길" 같은 감성적 표현이 사용되고, "삶의 무게를 견디다 못해 스스로 생을 마감했다"와 같은 말들도 자주 목격된다. 얼핏 고인의 죽음을 안타까워하고 위로해주는 말처럼 들리지만, 자살이 마치 불가피한 선택인 것처럼 보인다는 점에서 문제가 된다. 자살충동을 느끼는 사람들에게 힘들면 죽는다는 선택지가 있다는 잘못된 메시지를 심어줄 수 있다.

2004년 이후 〈자살보도 권고기준〉이 수정과 보완을 거듭하며 2018년에는 〈자살보도 권고기준 3.0〉이 발표되었다. 이러한 과정에서 보도 방식이 많이 개선된 것은 사실이지만, 아직도 언론보도를 통한 '사회적 학습 효과'가 계속된다는 지적이 있어왔다.

> 기사 제목에 '자살'이나 자살을 의미하는 표현 대신 '사망' '숨지다'등의 표현을 사용한다.
> 구체적인 자살방법, 도구, 장소, 동기 등을 보도하지 않는다.
> 자살과 관련된 사진이나 동영상은 모방자살을 부추길 수 있으므로 유의해서 사용한다.
> 자살을 미화하거나 합리화하지 말고, 자살로 발생하는 부정적인 결과와 자살예방 정보를 제공한다.
> 자살사건을 보도할 때에는 고인의 인격과 유가족의 사생활을 존중한다.
>
> 〈자살보도 권고기준 3.0〉

결국 2024년에 〈자살예방 보도준칙 4.0〉이 발표되었다. 권고가 아닌 보다 책임감 있게 지켜야 할 준칙임을 강조하며, 자살예방에 초점을 맞추어 보도해야 한다는 사실이 부각되었다. 개정된 준칙은 크게 다음의 네 가지 원칙을 제시하고 있다.

> 자살사건은 가급적 보도하지 않는다.
> 구체적인 자살방법, 도구, 장소, 동기 등을 보도하지 않는다.
> 고인의 인격과 유족의 사생활을 존중한다.
> 자살예방을 위한 정보를 제공한다.
>
> 〈자살예방 보도준칙 4.0〉

〈자살예방 보도준칙 4.0〉는 블로그와 사회관계망 서비스 등 1인 미디어의 책임 또한 강조하고 있다. 이제 자살보도의 책임은 언론사에만 있는 것이 아니라, 미디어를 소비하고 유포하는 우리들에게도 있는 것이다.

언론이 자살을 다루며 자살예방을 위해 긍정적 사례와 대안을 제시하면 자살률이 감소한다는 연구도 있다. 이를 파파게노 효과라고 하는데, 볼프강 아마데우스 모차르

트Wolfgang Amadeus Mozart의 오페라 〈마술피리〉에서 유래한 용어다. 등장인물인 파파게노는 극중에서 절망에 빠져 자살을 시도하려 하지만, 주변 사람들이 그를 말려준 덕분에 다시 희망을 찾고 살아간다.

가장 중요한 것은 도움을 받을 방법이 있다는 사실을 강조하는 것이다. "위기 속에서도 도움을 받을 수 있다" "주변에 도움을 요청하는 것이 중요하다"라는 메시지를 전달해야 한다. 덧붙여 자살예방 상담전화(109), 정신건강 상담전화(1577-0199), 생명의전화(1588-9191) 등 지원 기관의 정보가 다양하게 제공되어야 한다. 자살위기에 처한 사람에게는 적어도 세 개의 전화번호를 알려주라는 말이 있다.

자살과의 전투에서 이기려면 마음의 자세를 환기해야 한다. 언론이 책임감 있게 자살을 보도하고, 관계자뿐 아니라 시민 또한 언론의 보도 방식을 능동적으로 모니터링할 필요가 있다. 우리가 서 있는 곳에서, 다양한 채널을 동원하여 언론이 생명을 지키는 순기능을 할 수 있도록 계도해 나가야 한다.

생명은 스위치를 누르는 것처럼 한순간에 쉽게 켜고 끌

수 있는 것이 아니다. 자살에 대한 기사를 쓸 때, 결코 가볍지 않은 생명의 무게를 조금이라도 생각한다면 많은 것이 달라지지 않을까.

생명은 인터넷 창처럼
클릭 한 번으로
켜고 끌 수 있는 것이 아니다.
자살에 대한 기사를 쓸 때,
생명의 무게를
한 번 더 생각했으면 한다.

살 만한 세상을 만드는 법

대학 시절 나는 미국의 사회심리학자이자 정신분석학자인 에리히 프롬Erich Fromm의 《소유냐 존재냐》를 감명 깊게 읽었다. 이 책에서 프롬은 소유의 삶과 존재의 삶을 대비하며, 존재의 삶을 살아갈 것을 권유한다. 소유의 삶은 물건, 재산, 권력, 지위 등 외적인 것을 가지려는 태도로 소유하면서 자신의 가치를 증명하고 안정감을 얻으려 한다. 이러한 소유의 삶은 일시적이고 지속되지 않는 만족을 제공한다. 반면, 존재의 삶은 내적 충만감과 의미 있는 경험에 초점을 맞춘 삶으로 더 깊이 있고 지속적인 행복을 가져다준다.

그러나 오늘날 우리는 프롬이 권고한 것과는 반대로 살아가고 있는 것은 아닌지 돌아보게 된다. 자본주의가 발달하면서 더 많은 소유를 성공의 척도로 여기고 좋은 대학, 좋은 직장, 좋은 집, 좋은 차를 소유하는 것이 행복의 기준처럼 받아들여지고 있다. 모두가 소중한 경험을 희생하며 소유를 향해 달려가고 있다. 학생은 명문대학교에 진학하기 위해 청소년기의 행복한 시간을 잃는다. 직장인은 승진을 위해 가족과 친구, 애인과 함께하는 소중한 시간을 포기한다. 그 끝에 남는 것은 결국 공허감일지도 모른다. 왜 살아야 하는지, 무엇을 위해 살아야 하는지 알지 못한 채 우리는 소유의 끝에 남겨진다.

로제토Roseto는 미국 펜실베이니아주 동부에 위치한 이탈리아인들이 사는 마을 이름이다. 오클라호마대학교 의과대학 스튜어트 울프Stewart Wolf 박사는 1950년대 중반에 50여 년 동안 로제토 마을을 집중 연구했다. 연구를 시작한 첫 30년 동안, 로제토 주민들은 옆 마을과 비교할 때 심장마비로 인한 사망률이 현저하게 낮은 것으로 밝혀졌다.

흡연, 지방 위주의 식습관, 당뇨병 등 심장병의 위험인자는 옆 마을이나 로제토 주민이나 비슷했다. 그런데 왜 로제토 주민의 심장마비 발병률이 유독 낮게 나타났을까? 울프 박사는 그 이유로 강한 가족 간 유대감과 이웃 간 협동 관계를 지목했다. 로제토 주민들은 대가족 체계에서 자랐고, 대부분 마을에서 평생을 함께 살아갔다. 누구나 서로를 잘 알고 있었고, 어려운 일이 생기면 함께 해결했다. 주민들은 종교 활동, 공동 식사, 마을 행사 등에 참여하며 긴밀한 관계를 유지했다. 이러한 요소들이 어우러져 심장마비에 대한 저항력을 길러주고 기대수명을 늘려주었다.

내가 태어난 마을은 박씨 성을 가진 사람들이 모여 사는 시골 동네였다. 우리는 증조할머니를 따라 이 마을에 살게 되었다. 마을은 인척 관계로 연결되어 있어서 하나의 가족 공동체와도 같았다. 경조사를 함께했고, 마을 제사를 공동으로 드렸으며, 농사철에는 품앗이했다. 사람들은 대부분 이 마을에서 태어나서 어린 시절을 보냈고, 성장해서 결혼했고, 아이를 낳았다.

나는 4대가 같이 사는 집안에서 태어나 온 가족의 사랑을 느끼며 어린 시절을 보냈다. 특별히 할머니의 각별했던 사랑이 기억에 남는다. 아프면 모두가 걱정했고, 공부를 잘하면 모두가 기뻐했다. 촘촘하게 연결된 사랑의 끈은 나에게 안정감을 주었다.

초등학교 시절 친구들과 함께 마당에 쌓아놓은 볏가마 위에서 놀았던 적이 있다. 어른들이 다른 곳에 가서 놀라고 호통을 쳐서 급히 도망가다가 땅으로 떨어져 팔이 부러지는 사고를 당했다. 그때 온 가족들이 나를 나무라기보다는 위로해주었고, 부러진 팔이 빨리 낫기를 염려하고 기도해주었다.

온기 넘치던 마을은 주변이 도시화되고 주민들이 하나둘 타지로 떠나며 거의 와해되었다. 사실 우리나라 대부분의 농촌 마을이 이런 과정을 겪었을 것이다.

오랜 세월이 지나 그 시절을 돌아보면 고통스러웠던 기억은 거의 나지 않는다. 그 당시를 생각하면 가족들의 따뜻한 사랑만 마음속에 남아 있다. 어린 시절 받았던 사랑과 친밀감은 성인이 되어서도 복잡한 인간관계를 지탱하는 마음의 기반이 된 것 같다.

도시에서 우리는 낯선 사람들과 매일 부딪치며 다양한

사건을 겪는다. 변화의 속도는 빠르고, 어떤 일이 일어날지는 알 수 없다. 이때 각자의 의식 깊은 곳에 마음의 고향이 되어줄 수 있는 장소 혹은 존재가 있다면 훨씬 더 든든하게 하루하루를 살아갈 수 있을 것이다. 그럴 수만 있다면 모두가 살고 싶다고 생각할 수 있을 것 같다.

왜 살아야 하는가.

무엇을 위해 살아야 하는가.

도시에서 바쁘게 생활하는 사이

삶의 이유를 잃어가는 게 아닐까.

생명을 사랑하며 걷는다

우리나라는 1997년 말 국제통화기금IMF 구제금융을 받은 이후 자살률이 급증했다. 당시 자살 문제가 심각했지만 이렇다 할 국가적 대책이 없었다. 무엇보다 자살을 개인적 일탈로 바라보는 시각이 많았다. 자살하는 사람들은 정신적 의지가 나약하고, 도덕의식이 부족하다고 생각했다.

기존의 자살예방은 개인이 역경을 극복할 수 있도록 교육하고 상담하는 데 치중되었지만, 점차 이와 같은 개인적 접근에는 한계가 있다는 것을 느꼈다. 한 사업가가 경제 위기로 인해 사업이 부도를 맞아 자살했다면, 청소년이 학교 폭력에 고통받다 자살했다면 그것을 개인적 책임이라고만

할 수 없는 것이었다. 누군가 우울증에 걸려 자살했다 하더라도 생물학적 원인 외에 우리 공동체에서의 여러 압박과 배제의 영향도 있는 것이다.

프랑스의 사회학자 에밀 뒤르켐Emile Durkheim은 사회통합가설을 이야기하며, 우리 사회가 잘 통합되고 유대감과 연대 의식이 강하면 자살률이 적게 나타날 것이라고 지적했다. 그러나 우리 사회는 갈등과 분열지수가 매우 높아 혼란스러운 것이 현실이다.

자살은 개인적 책임인가 사회적 책임인가. 오랜 질문이지만, 나는 이것이 따질 문제가 아니라고 생각한다. 개인은 사회 속에 존재하기 때문에, 사회적 책임이 우선하는 것이 분명하기 때문이다. 우리 사회의 높은 자살률은 개인의 문제라기보다 결국은 우리의 가정, 사회, 국가 공동체가 그만큼 건강하지 못한 것이라고 봐야 한다.

이것이 생명의전화가 상담과 교육에 치중해오던 자살예방 사업을 더 확장해서 범국민 생명존중 캠페인을 전개하는 이유다. 우리 사회의 생명경시 문화가 생명존중 문화로 바뀌지 않으면 자살률도 줄어들기 어렵다고 생각했다.

2004년과 2005년에는 여의도 한강공원에서 '생명사랑 마라톤'을 개최했다. 그러나 마라톤은 일반 시민이 편하게 참여하기에는 진입장벽이 있었다.

그래서 우리는 외국의 자살예방 캠페인을 연구하던 중 미국자살예방재단AFSP의 '어둠에서 벗어나는 밤샘 걷기Out of the Darkness Overnight Walk'에 주목했다. 이 프로그램을 벤치마킹하기 위해 당시 미국 샌프란시스코에서 열리는 캠페인에 두 명의 스태프를 보냈다.

이 캠페인은 자살 유가족을 위한 힐링 프로그램으로서, 미국자살예방재단의 자살예방 기금을 마련하는 것을 목표로 했다. 참으로 놀라웠던 것은 사랑하는 사람을 자살로 잃은 자살 유가족들이 큰 충격과 고통을 받았음에도 불구하고 캠페인에 1,000달러의 기부금을 내고 걷는다는 사실이었다. 유가족들은 다른 사람이 자신과 같은 슬픔을 겪지 않도록 기금 마련에 자발적으로 참여하고 있었다.

또 놀라웠던 것은 이 캠페인의 취지와 목적이었다. 고인의 갑작스러운 죽음으로 유가족들의 삶이 어두운 밤과 같을지라도, 밤새 함께 걷다 보면 아침을 맞게 된다는 강한 희망의 메시지를 캠페인은 전달하고 있었다. 사랑하는 이를 떠나보낸 사람들은 밤새 고인이 살던 시내를 함께 걷다가 샌프란시스코 금문교 앞에서 솟아오르는 태양을 함께 바라보고 포옹하며 새로운 삶을 다짐했다.

스태프의 생생한 이야기를 듣고, 우리 사회의 분위기와는 사뭇 다르다고 느꼈다. 지금도 그렇지만 2006년 당시에는 더욱 자살에 대한 사회적 낙인이 커 유가족이 죽음을 외부에 알리는 것을 꺼리는 분위기였다. 큰 충격과 고통을 받았지만 누구에게도 슬픔을 이야기하지 못하고 죄책감과 수치감, 우울감과 자살충동에 사로잡히는 슬픈 현실이었다.

그러므로 미국자살예방재단의 프로그램을 그대로 옮겨오기에는 무리가 있었다. 그래서 청소년들과 일반 시민들을 위한 범국민 생명사랑 캠페인을 기획했다. 우리는 이 캠페인의 이름을 심사숙고한 끝에 '생명사랑 밤길걷기Love Life While Walking Overnight'로 정했다.

매년 9월 10일 세계 자살예방의 날을 전후해서 실시한 이 캠페인은 2006년부터 시작해 2024년 제19회를 진행했다. 코로나19 시기에는 대규모로 모이지 않고 온라인으로 각자 자신이 살고 있는 곳에서 걷는 프로그램을 개발하여 추진하기도 했다.

〈2022년 사망원인통계 결과〉에 따르면 2022년 우리나라 청소년 자살률은 7.2명이었다. 그리고 연간 자살자 수는 1만 2,906명이었고 하루 평균 자살자는 35.4명이었다. 그냥 지나쳐선 안 될 이 숫자를 모두가 기억했으면 하는 마음을 담아, 2023년에는 참가자 3,000명 중 2,646명은 저녁나절 우리나라 청소년 자살률을 줄이기 위해 7.2킬로미터를 걷게 했고, 354명은 밤새 35.4킬로미터를 걷도록 했다.

2006년부터 2023년까지 서울에서만 이 캠페인에 34만 명 이상의 시민들이 함께하며 생명사랑의 걸음을 실천했다. 학생 때 부모님과 참여했다가 성인이 되어 가족들과 다시 참여하기도 하고, 캠페인의 봉사자로 동참하는 이들도 생겨났다.

사람들은 왜 밤길을 걷느냐고 질문하곤 한다. 낮에도 그 의미를 살릴 수 있지 않느냐고 묻는다. 사실 밤새 걷는다는 것은 참가자뿐 아니라 주최 측에서도 힘든 일이다. 그렇지만 혼자 밤새 걷기는 무척 힘들어도, 함께 걸으면 가능해진다는 사실을 알려주고 싶었다. 밤에 함께 걸어가면 바로 옆에서, 그리고 앞에서 걸어가는 사람들의 발걸음 소리가 다 들린다. 저벅저벅 걷는 소리가 마치 심장박동 소리처럼 느껴진다. 모든 사람이 자는 한밤중에 생명의 역동성을 느끼며 함께 걷는다는 것이 얼마나 신비한 느낌인지 모른다. 때로는 평지를 걷고, 때로는 언덕을 오르내리며, 때로는 건널목 앞에서 멈추었다 걸어가는 것이 마치 인생의 순례길을 걸어가는 듯하다. 그리고 그 모든 밤을 지나 경이로운 아침을 맞이하는 것이다.

생명사랑 밤길걷기를 생각하면 언제나 기적과 감사라는 말이 떠오른다. 부족한 자원을 가지고 매년 행사를 성공적으로 개최할 수 있었던 것은 많은 사람의 헌신과 성원 덕분이라고 확신한다. 생명사랑 밤길걷기 캠페인 준비위원회의 위원들은 모두 직장을 갖고 있는 이들이다. 그들의 열정과 헌신 그리고 기도가 19년째 아무 사고 없이 이 캠페인을 진행하게 해준 원동력이었던 것 같다. 물론 이 모든 것을 추진해온 스태프들의 수고와 땀은 말할 필요가 없다.

이제 생명사랑 밤길걷기는 모두의 간절함이 이루어낸,

자살예방을 상징하는 캠페인이 되었다. 매해 열린 이 캠페인은 모두 기적이었고 감사였다고 말할 수밖에 없다. 그리고 그 기적은 계속되리라.

> 해 질 녘서 동틀 때까지
> 삶의 무거운 짐을 가득히 지고
> 힘겨운 밤길을 걷는다.
>
> 아침이면 태양이 밝아오듯
> 우리 인생에도 햇살이 비추길
> 간절히 기도하며 걷는다.
>
> 혼자가 아니라 함께 모여
> 손을 잡아주고 마음을 나누며
> 생명을 사랑하며 걷는다.
>
> 서로의 가슴에서 울리는
> 힘찬 심장의 고동 소리
> 생명의 함성을 따라 걷는다.

생명사랑 밤길걷기는

우리를 하나의 생명으로 이어주는

하늘의 탯줄이다.

꽃망울, 잎망울 틔워봐요

봄이 왔다. 얼어붙은 대지에 싹이 트고 메마른 나뭇가지에서도 망울들이 폭죽처럼 터지고 있다. 생명의 역사는 올봄에도 계속 이어진다. 사람들은 남녘에서 올라오는 봄소식에 마음이 들떠 있다.

그러나 모든 사람이 봄을 기다리는 것은 아니다. 마음이 아직 추운 겨울에 있는 사람에겐 자신과 어울리지 않는 화려한 봄이 힘들게 다가온다. 그들에게는 봄이 왔지만 봄이 온 것이 아니다. 그래서 상대적으로 우울해지고 무력해질 수밖에 없는 것 같다.

봄을 봄으로 맞아야 하듯 존재를 존재 자체로 받아들여야 한다. 그렇지만 우리는 너무 쉽게 스스로와 상대에게 평가의 잣대를 들이대곤 한다. 잣대를 들이대는 순간 우리는 그 평가에 구속된다. 평가에 갇힌 채 나와 상대를 제대로 보지 못한다.

공부를 못한다는 이유로 부모에게 동생과 비교당하며 스트레스를 받을 때마다 자해를 한 학생이 있다. 이 학생의 자해 문제는 왜 생겼을까. 능력이 없거나 도덕적으로 결함이 있어서가 아니다. '공부를 못하면 장래가 없다'라는 부모의 잘못된 신념과 동생과의 비교 때문이다. 인생을 어느 정도 살아본 사람이라면 공부만 잘한다고 해서 장래가 보장되지 않는다는 사실을 잘 알고 있다. 이 학생에게도 공부가 아닌 재능이 있을 것이다. 부모의 역할은 자녀가 지닌 독특한 재능을 발견하여 마음껏 발휘하도록 돕는 것이다.

나는 부모가 자녀의 행복을 위한 최선의 길을 깊이 생각해보지 않는 것이 안타까웠다. 부모에게 당신의 잘못된 신념 때문에 자녀가 마음에 큰 상처를 입고 꿈과 자존감이 무너져가고 있다는 것을 알려주고 싶었다.

자녀가 사회적으로 안정되고 성공적인 삶을 살길 바라는 부모의 마음을 탓할 수는 없을 것이다. 그러나 그 방법이 잘못되어 오히려 자녀의 성장을 해친다면 고쳐야 한다. 자식이 원하는 것과 잘하는 것이 무엇인지 찾는 게 우선이다. 자녀에게 부모의 욕심을 일방적으로 강요하면 심하게 저항하는 것이 당연하다. 이 학생은 부모의 인정과 사랑을 받고 싶었을 것이다. 자해는 정말 죽고 싶어 하는 것이 아니다. 그 안에는 부모와 소통하면서 잘 지내고 싶은 마음이 있다.

봄이 되면 자연은 꽃과 나무의 꽃망울, 잎망울이 피어나도록 환경을 조성해준다. 여기에는 어떤 비교나 강제도 없다. 잘못된 잣대를 내려놓고 서로에게 따뜻한 봄볕을 내리쬐어주자. 그럴 때 비로소 우리의 꽃망울, 잎망울이 활짝 피어 봄을 봄으로 맞이할 수 있을 것이다.

여름에 피는 야생화를 보세요

한여름 들판과 산길을 걷다 보면 곳곳에서 야생화가 피어 있는 모습을 볼 수 있다. 아무도 신경 쓰지 않아도 그들은 강인한 생명력으로 스스로 자리 잡고 꿋꿋이 피어난다. 바람이 불고 비가 내려도, 태양이 뜨겁게 내리쬐어도, 땅이 척박해도 굴하지 않고 살아남는다.

야생화는 누구의 보살핌도 없이 오직 자기 힘으로 피어나며 그 자체로 세상을 아름답게 만든다. 우리는 선택하지 않은 환경에서 태어나고 때로는 사랑과 돌봄을 받지만, 때로는 외면당하며 홀로 견뎌야 할 순간을 맞이하기도 한다. 그러나 야생화처럼 우리도 스스로 피어나야 한다. 누군가 돌봐주지 않고 알아주지 않더라도 우리는 그 자체로 의미 있는 존재이기 때문이다.

　그 청년의 모습은 마치 야생화 같았다. 어린 시절 부모가 이혼하고 외할머니와 외할아버지 손에 자라다가 열 살이 되면서 보육원에 보내졌다. 그곳에서 그는 모든 일을 혼자서 해결하는 법을 배워야 했다. 나이가 차서 그곳을 나오고부터는 기댈 곳도 위로받을 곳도 없었다. 그렇게 살다 보니 세상이 버겁게 느껴질 때가 많았다. 위험을 감수할 여유도 조언을 구할 사람도 없이 모든 걸 혼자 감당해야 하니 점점 지쳐갔다. 버텨야 한다는 생각으로 살아왔지만, 세상이 너무 가혹하게 느껴졌다.
　주위를 보면 친구들은 부모의 사랑을 받고 안정된 환경에서 사는 것 같았다. 고민이 있을 때마다 "왜 나는 모든 걸 혼자 감당해야 할까?"라는 생각이 들었다. 때로는 자신의 처지를 원망하고 비관하면서 삶을 포기하고 싶은 마음도 들었다.
　하지만 친구들과 자신을 비교해보았자 현실은 전혀 달라지지 않고 그대로였다. 결국 그는 이 삶을 살아내야 하는 것도 버텨내야 하는 것도 오롯이 자기 몫이라는 걸 깨달았다.

청년의 이야기를 들으면서 나는 철학자 프리드리히 니체Friedrich Wilhelm Nietzsche의 "고난과 역경이 인간을 성장시키고 강하게 만든다"라는 말이 떠올랐다. 청년은 분명 또래보다 강하고 성숙했다. 고난과 역경 속에서 스스로를 지켜야 했고, 아무도 대신할 수 없는 자기만의 삶을 살아야 했기 때문이다.

한창 부모의 사랑과 돌봄을 받으면서 살아야 할 나이에 혼자 버텨야 했을 청년의 어린 시절을 생각하니 마음이 아려왔다. 나는 그의 이야기를 귀담아들으면서 혼자 자기의 삶을 감당해야 한다는 부담감이 얼마나 무거웠을지를 충분히 공감해주었다. 그리고 그가 결코 혼자가 아니라는 것을 말해주고 싶었다.

"이 세상이 삭막하고 냉정한 곳이라고 하지만 우리 곁에는 우리가 미처 알아차리지 못한 따뜻한 사람들도 참 많이 있어요. 너무 힘들고 어려울 때 손을 내밀고 도움을 요청해보

세요. 오늘처럼 자신의 이야기를 털어놓아요. 그러면 분명
히 그 손을 잡아주고 위로해줄 누군가가 있을 겁니다."

　야생화는 홀로 피어나는 것처럼 보이지만 사실은 바람
과 햇빛, 비와 토양의 품 안에서 자란다. 마찬가지로 이 청
년도 혼자서 살아가는 것 같지만 그 길 위에는 따뜻한 손길
과 다정한 말들이 함께하고 있다. 도움을 받는 것은 결코
약함이 아니다. 오히려 그것은 삶을 지혜롭게 살아가는 방
식이다. 여름 들판의 야생화가 거센 바람과 거친 비에도 꺾
이지 않고 피어나듯이 청년도 자신만의 꿈을 꽃피울 것이
다. 야생화와 같은 이 청년에게 다음과 같은 말을 전하고
싶다.

"당신은 지금 충분히 잘하고 있어요. 앞으로 활짝 피어날
겁니다."

（가을）

한 발짝만 밖으로 나와요

가을이 되면 모두가 시인이 된다는 말이 있다. 높고 푸른 하늘, 황금빛 들판, 탐스럽게 익어가는 과일, 울긋불긋 타오르는 산을 보며 감동과 감사의 마음을 느낀다. 가을의 끝자락에는 손이 닿지 않는 높은 곳에서 살다가 땅으로 내려앉는 낙엽을 볼 수 있다. 하나둘씩 떨어지는 낙엽을 밟으며 인생의 깊은 의미를 곱씹는다. 어쩌면 우리는 늘 자기 자신을 넘어선 세계 속에서 감동과 의미를 찾으려 하는지도 모른다.

그러나 그녀에게 가을의 감동과 감사는 없었다. 그녀는 취업 준비생이었고 조현병 증세가 있었다. 마음의 문을 굳게 닫아놓고 스스로 그 속에 갇혀 있었다.

　나는 그녀가 '환청'이라는 증상이 자신의 전부가 아니라
는 사실을 깨닫길 바랐다. 그녀에겐 무엇보다도 마음의 건
강을 회복하기 위한 꾸준한 치료가 필요했다. 지금 받는 정
신과 진료를 포기하지 않고 지속하는 것이 가장 중요하다.
약물치료와 정신치료를 병행하면 더 큰 효과를 볼 수 있을
것이다. 그리고 그녀에게는 편견 없이 끝까지 이야기를 들
어줄 사람이 필요했다. 누군가 지속적 관심과 든든한 지지
를 보내주면, 그녀도 조금씩 마음의 문을 열 수 있을 것이
다. 하지만 지금 그녀는 자기 속의 증상에만 지나치게 집중
하고 있었다.

　그녀가 지금 해야 할 일은 밖으로 나와 높고 푸른 가을
하늘과 자기 생의 임무를 다하고 조용히 내려앉는 낙엽을
바라보는 것이다. 낙엽은 스스로 한없이 애달프게 여기지
않는다. 그저 주어진 시간 속에서 제 역할을 다하고 자연스
럽게 내려앉을 뿐이다. 그녀도 그렇게 살아갈 수 있다. 그
녀는 자신을 넘어 다른 사람과 더 넓은 세상을 바라볼 수

있다.

환청은 그녀의 전부가 아니다. 그녀 안에는 자기를 다시 일으킬 수 있는 다양한 정신적 힘이 있다. 그리고 그 힘을 깨닫는 순간, 그녀의 세상은 달라질 것이다.

가을, 그녀가 마음의 창 밖으로 한 발짝 나오기만 한다면 보고, 듣고, 느낄 수 있는 것들이 풍성한 계절이다.

겨울

겨울 산 능선을 바라봐요

하얀 눈으로 덮인 산 위로 크고 작은 검은 능선들이 보인다. 능선들은 설산을 웅장하고 아름답게 그려준다. 겨울 산의 오르락내리락하는 능선들은 마치 우리의 인생을 닮았다. 인생은 겨울 산처럼 때로는 힘겨운 오르막을 오르기도 하고, 때로는 내리막길을 걷기도 한다. 그래서 겨울 산이 더 아름답게 느껴지는 것일지도 모르겠다. 만일 우리가 일평생 평평한 하나의 선 위로만 가야 한다면, 인생은 얼마나 단조롭고 무의미했을까. 오르락내리락하는 능선이 있기에 겨울 산은 오선지에 그려진 음표처럼 아름다운 음악을 만들어내는 것이다.

한 청년은 대학 졸업 후 대기업 취업을 준비했지만, 번번이 실패했다. 새해를 맞아 취업을 위해 다시 공부하고 있지만, 될지 안 될지도 모르는 상황에서 계속 공부만 하는 자신의 모습이 한심하게 느껴졌다. 무엇을 위해 공부하는지도 모르겠고, 운 좋게 취업이 된다 해도 그것을 감당할 수 있을지 회의감이 들었다. 운에 자신의 인생을 맡기는 것이 허무하다고 했다. 가족들은 자신을 믿는다고 하면서도 무관심해 보였다.

그는 깊은 우울감과 허무감 속에서 미래의 꿈과 비전을 상실한 채 내리막길로 치닫고 있었다. 얼마나 더 내려가야만 할까. 그 내리막의 끝은 어디일까. 그 끝은 죽음이라고 생각하는 그에게 어떻게 그렇지 않다고 이야기해줄 수 있을까.

그런데 그의 이야기를 주의 깊게 듣다 보니, 그가 상담을 요청한 것 자체가 고맙게 느껴졌다. 그냥 포기할 수도 있었을 텐데 전화를 준 것이다. 가족들에게 짐만 된다고 생각하는 그에게서 가족에 대한 책임감 같은 것도 느껴졌다.

"이곳으로 전화를 주어서 고마워요. 가족에 대한 책임감이 무척 강한 분 같아요. 가족들에게 폐를 끼치지 않으려는 마음이 크군요. 참 좋으신 분으로 느껴집니다. 가족들이 말을 안 하고 무관심하게 보이는 것은, 부담을 주지 않으려는 배려의 마음은 아닐는지요. 만일 본인이 잘못되기라도 한다면 가족들은 어떤 심정으로 살아갈지 생각해보셨는지요?"

산에는 대체로 큰 산과 자식 같은 작은 산들이 함께 어우러져 있다. 큰 산만 자랑스러운 것이 아니라 작은 산이 더 아름다울 때가 많다. 굴곡이 심한 능선도 있지만 완만한 능선들이 얼마나 많은가. 그리고 그것은 얼마나 다채로운가.

지금 하얗게 눈 덮인 겨울 산을 홀로 걷는 것처럼 느껴진다면, 목표를 너무 높은 산에만 두지 말고 작은 산의 능선을 바라보는 게 어떨까. 다른 사람들의 기준이 아니라 자기 자신의 기준을 갖고 산을 오른다면, 큰 산이든 작은 산이든 행복한 여정일 것이라는 생각을 나누었다.

겨울 산 수많은 능선이 부르는 코러스는 나의 영혼 깊은 곳까지 들려온다. 청년과 가장 높은 산에 오르는 것에만 인생의 목적을 두지 않고, 작은 능선을 즐겁게 오르다 보면 언젠가 더 높은 정상에도 오를 수 있을 것이라는 이야기를 나누었다. 겨울 산의 능선이 그려내는 아름다운 풍경처럼, 청년의 삶도 다시 빛날 날이 올 것이다. 나는 청년이 겨울 산 능선을 바라보며 잠시 숨을 고르고, 천천히 한 걸음씩 앞으로 나아가기를 기원했다.

도움받은 책과 글 • 언급된 순서를 따랐으며, 중복 기재하지 않았습니다.

#1 발신자: 사람들은 언제 벼랑 끝에 내몰리는가

보건복지부, 〈2024년 청년의 삶 실태조사〉, 2024. https://korea.kr/briefing/pressReleaseView.do?newsId=156678299&pWise=sub&pWiseSub=C2

대니얼 길버트 지음, 최인철·김미정·서은국 옮김, 《행복에 걸려 비틀거리다》, 김영사, 2006.

빅터 프랭클 지음, 이시형 옮김, 《빅터 프랭클의 죽음의 수용소에서》, 청아출판사, 2020.

하상훈 지음, 《삶의 의미를 찾아가는 여정》, 옛길, 2023.

보건복지부, 〈2022년 정신건강실태조사 보고서(소아·청소년)〉, 2024. https://www.mohw.go.kr/board.es?mid=a10107010000&bid=0046&act=view&list_no=1482939&tag=&cg_code=&list_depth=1

임경문·김혜경·백운진·이윤주, 〈청소년 자해에 관한 연구동향〉, 《인문사회 21》 제11권 제1호, 2020.

마르틴 부버 지음, 김천배 옮김, 《나와 너》, 대한기독교서회, 2020.

보건복지부, 〈2024년 고독사 사망자 실태조사〉, 2024. https://www.mohw.go.kr/board.es?mid=a10503010100&bid=0027&act=view&list_no=1483372&tag=&nPage=1

딘 오니시 지음, 김현성 옮김, 《관계의 연금술》, 북하우스, 2004.

보건복지부, 〈제1차 고독사 예방 기본계획(2023~2027년)〉, 2023. https://www.korea.kr/archive/expDocView.do?docId=40482#expDoc

조지 베일런트 지음, 이덕남 옮김, 《행복의 조건》, 프런티어, 2010.

Jihoon Jang·Woojae Myung·Seongcheol Kim·Minhee Han·Vidal Yook·Eun Ji Kim·Hong Jin Jeon, "Effect of suicide prevention law and media guidelines on copycat suicide of general population following celebrity suicides in South Korea, 2005-2017", *Aust N Z J Psychiatry*, 56(5), 2022.

트렌드모니터, 〈세월호 사고 관련 전반적 인식 평가〉, 2014. https://www.trendmonitor.co.kr/tmweb/trend/allTrend/detail.do?bIdx=1188&code=0404&trendType=CKOREA

#2 수신자: 우리가 서로의 생명의전화가 될 수 있다면

한국생명존중희망재단, 〈2022 심리부검 면담 결과 보고서〉, 2023. https://www.kfsp.or.kr/web/board/15/1179/?

한성열 지음, 《이제는 나로 살아야 한다》, 21세기북스, 2021.

제러미 리프킨 지음, 이경남 옮김, 《공감의 시대》, 민음사, 2010.

김주환 지음, 《회복탄력성》, 위즈덤하우스, 2019.

Emmy E. Werner, "The children of Kauai: Resiliency and recovery in adolescence and adulthood", *Journal of Adolescent Health*, 13(4), 1992.

로버트 E. 랄슨 외 지음, 생명의전화 옮김, 《이름도 없이 얼굴도 없이》,

종로서적, 1996.

Maria Marshall·Edward Marshall., *Logotherapy revisited : Review of the tenets of Victor E. Frankl's Lgotherapy*, Ottawa Institude of Logotherapy Press, 2012.

#3 남은 자: 단 한 명도 자살해서는 안 되는 이유

통계청, 〈2023년 사망원인통계 결과〉, 2024. https://kostat.go.kr/board.es?mid=a10301060200&bid=218&act=view&list_no=433106

통계청, 〈2024년 사회조사 결과〉, 2024. https://sri.kostat.go.kr/board.es?mid=a10301060300&bid=219&act=view&list_no=433638

〈제5차 자살예방기본계획(2023~2027년)〉, 2023. https://www.korea.kr/briefing/policyBriefingView.do?newsId=156562783

통계청, 〈2023 한국의 사회지표〉, 2024. https://kostat.go.kr/board.es?mid=a10301060500&bid=10820&act=view&list_no=430089

Wellbeing Research Centre at the University of Oxford, in partnership with Gallup, the UN Sustainable Development Solutions Network, *World Happiness Report* 2024, 2025. https://worldhappiness.report/ed/2024/#appendices-and-data

World Health Organization, *Preventing suicide: A global imperative*, 2014. https://www.who.int/publications/i/item/9789241564779

보건복지부, 〈자살보도 권고기준 3.0〉, 2018. https://www.mohw.go.kr/board.es?mid=a10411010200&bid=0019&tag=&act=view&list_

no=345558

보건복지부, 〈자살예방 보도준칙 4.0〉, 2024. https://www.mohw.go.kr/board.es?mid=a10503010100&bid=0027&act=view&list_no=1483567&tag=&nPage=1

에리히 프롬 지음, 차경아 옮김, 《소유냐 존재냐》, 까치, 2020.

통계청, 〈2022년 사망원인통계 결과〉, 2023. https://kostat.go.kr/board.es?mid=a10301060200&bid=218&act=view&list_no=427216

Cain, A. C., *Survivors of Suicide*, Charles C Thomas, 1972.

에밀 뒤르켐 지음, 황보종우 옮김, 《에밀 뒤르켐의 자살론》, 청아출판사, 2008.

이광자·하상훈·현명호 지음, 《자살 예방상담의 이론과 실제》, 생명의전화, 2020.

목소리 너머 사람

1판 1쇄 인쇄 2025. 6. 10.
1판 1쇄 발행 2025. 6. 17.

지은이 하상훈

발행인 박강휘
편집 이정주 **디자인** 박주희 **마케팅** 김새로미 **홍보** 이수빈
발행처 김영사
등록 1979년 5월 17일(제406-2003-036호)
주소 경기도 파주시 문발로 197(문발동)(10881)
전화 마케팅부 031)955-3100 편집부 031)955-3200
팩스 031)955-3111

값은 뒤표지에 있습니다.
ISBN 979-11-7332-240-2 03300

홈페이지 www.gimmyoung.com
블로그 blog.naver.com/gybook
인스타그램 instagram.com/gimmyoung
이메일 bestbook@gimmyoung.com

좋은 독자가 좋은 책을 만듭니다.
김영사는 독자 여러분의 의견에 항상 귀 기울이고 있습니다.